"海洋地质九号"科考船科普丛书

探秘深海
——"海洋地质九号"探测技术

TANMI SHENHAI

"HAIYANG DIZHI JIUHAO" TANCE JISHU

主 编 尉 佳 杨 源 冯 京

副主编 齐 君 施 剑

中国地质大学出版社
ZHONGGUO DIZHI DAXUE CHUBANSHE

图书在版编目(CIP)数据

探秘深海：“海洋地质九号”探测技术／尉佳，杨源，冯京主编；齐君，施剑副主编． —武汉：中国地质大学出版社，2024.12． —（"海洋地质九号"科考船科普丛书）． —ISBN 978-7-5625-6013-5

Ⅰ．U674.81-49

中国国家版本馆CIP数据核字第20244JF240号

探秘深海——	尉　佳　杨　源　冯　京　主　编
"海洋地质九号"探测技术	齐　君　施　剑　副主编

责任编辑：郑济飞	选题策划：张瑞生　舒立霞	责任校对：何澍语

出版发行：中国地质大学出版社(武汉市洪山区鲁磨路388号)　　　　　　　邮编：430074

电　　话：(027)67883511　　　传真：(027)67883580　　　E-mail:cbb@cug.edu.cn

经　　销：全国新华书店　　　　　　　　　　　　　　　　　　　http://cugp.cug.edu.cn

开本：787mm×960mm　1/16　　　　　　　　　字数：230千字　　　　印张：9

版次：2024年12月第1版　　　　　　　　　　　印次：2024年12月第1次印刷

印刷：武汉精一佳印刷有限公司

ISBN 978-7-5625-6013-5　　　　　　　　　　　　　　　　　　　　定价：48.00元

如有印装质量问题请与印刷厂联系调换

《探秘深海——"海洋地质九号"探测技术》
编委会

总 策 划：吴能友
主　　编：尉　佳　杨　源　冯　京
副 主 编：齐　君　施　剑
编委成员：（按姓氏笔画排序）

　　　　　　于得水　马理新　方中华　王　威
　　　　　　田振兴　刘李伟　刘慧敏　孙建伟
　　　　　　孙　波　孙　军　杜润林　杜　凯
　　　　　　李　阳　李志彤　张世阳　周吉祥
　　　　　　赵　钊　郭建卫　秦　轲　董凌宇
　　　　　　窦振亚　虞义勇　翟元锋　滕沛志

序

"海洋地质九号"科考船科普丛书

    "海洋地质九号"科考船隶属于自然资源部中国地质调查局青岛海洋地质研究所,是"海洋地质保障工程配套装备项目"的主要建设内容之一。该项目由中国地质调查局统一组织,于2009年3月3日启动,2013年2月18日经国家发展和改革委员会批复立项,2014年8月5日可行性研究报告获批。

    "海洋地质九号"科考船由中国船舶集团有限公司第七〇一研究所负责设计,2015年10月28日在上海船厂船舶有限公司崇明基地正式开工建造,2017年12月28日在青岛正式入列。从准备立项到建成入列,历时近9年,它凝聚了青岛海洋地质研究所自1979年恢复重建以来几代人的夙愿。

    2005年"业治铮"号近浅海综合海洋地质调查船(现"海洋地质七号"船)建成下水,青岛海洋地质研究所拥有了自己真正意义上的调查船,但走向深海一直是海地人[①]的追求与梦想。当"海洋地质九号"科考船以崭新的面貌停靠在青岛时,几代海地人心中充满激动,胸中豪情激荡。海浪拍打船舷的欢快声响,仿佛在倾诉着人们内心的激动与豪情。

    "海洋地质九号"科考船承载着几代海地人探索大洋、逐梦深蓝的美好愿景。设计团队在确保船舶先进性和安全性的同时,赋予了它更多的科考功能,使其成为我国首艘同时具备专业二维多道地震调查功能与综合地质地球物理调查功能的科考船。

    该船可以在5节(约9.3km/h)航速时拖带双震源共6子阵列最大容量9000in^3(1000in^3≈0.0164m^3)气枪震源和1根12km或2根8.5km的地震采集电缆,这一配置足以穿透海底以下10km深的地层。同时,它配备了船载深水单波束、多波束、浅地层剖面、声学多普勒流速剖面仪,以及万米钢缆绞车、万米光电复合缆绞车和A型架等辅助调查设备,还可搭载侧扫声呐、单道地震、海洋重力、海

---

① 指青岛海洋地质研究所自建所以来的所有干部职工。

洋磁力、声学深拖、温盐深仪等物探和水文设备，以及ROV、AUV、ARV等水下机器人，能够开展各种类型的海水取样、海底地质取样工作。可以说，"海洋地质九号"科考船具备从海水到海底表层、海底浅部地层和海底中深部地层的综合探测能力。此外，它在节能、环保、减震降噪、电磁兼容等方面表现出色，为调查工作提供了良好的水声环境，也为船员和科考人员提供了舒适的工作生活环境。

海洋覆盖地球表面大部分区域，蕴藏着丰富资源和众多科学奥秘。海洋地质调查涵盖海洋沉积、海洋地貌和海底构造调查等，是海洋矿产资源勘查开发和海洋科学研究最重要的基础性工作。"海洋地质九号"科考船的建造是为了有力推进海洋地质保障工程的实施，其船名、功能以及使命都围绕"海洋地质"展开。

进入21世纪，随着世界人口增加、人类生存环境恶化、陆地资源过度消耗和海洋开发技术快速进步，世界各国在生存、发展和安全方面对海洋的需求日益增大，海洋的战略地位和经济地位急剧上升，人类对海洋愈发青睐和倚重，越来越多的科学家将目光投向海洋。

为贯彻落实习近平总书记"关心海洋、认识海洋、经略海洋"的重要讲话精神，青岛海洋地质研究所组织热爱海洋、长期奋战在海洋科考一线的科研人员精心编撰了"海洋地质九号"科考船科普丛书。该丛书分为《大海航行——"海洋地质九号"科考船》《探秘深海——"海洋地质九号"探测技术》《逐梦深蓝——"海洋地质九号"深海探宝》3册。

这套丛书将复杂的科学理论转化为通俗易懂的语言，把枯燥的数据图表变为生动有趣的故事，系统介绍了大洋科学考察船、深海探测装备与技术，展示了海底蕴藏的宝藏，讲述了海洋科考背后航海人的故事，传播了海洋人拼搏奋发的精神风貌，能让读者轻松走进海洋科考的世界，感受其独特魅力。

我们希望这套丛书不仅能传递知识，更能激发读者对海洋科考的兴趣和好奇心。我们相信，通过科学普及，能够培养出更多海洋科学爱好者乃至未来的科学家，共同为保护"蓝色星球"贡献力量。诚挚欢迎广大读者在阅读过程中提出问题和建议，我们将不断改进，为大家提供更优质的科普内容。

最后，感谢所有参与丛书编写的专家学者，感谢支持和推广丛书的每一位读者。让我们一起启航，探索海洋奥秘，见证科学奇迹。

青岛海洋地质研究所所长

2024年6月

前　言

"海洋地质九号"科考船科普丛书

人类探海的历史就是探测技术发展的过程。"自古圣贤之言学也,咸以躬行实践为先,识见言论次之。"在验证理论的实践中,科学技术就是人类探索世界的触手,是人类解开未解之谜的金钥匙。深海探测技术从最初的绳索测深,逐步发展为全方位立体探测各深度圈层性质,从单一手段测量发展为多手段同步采集。

"海洋地质九号"科考船隶属于自然资源部中国地质调查局青岛海洋地质研究所,是一艘同时具备专业地震调查与综合地质地球物理调查功能的高性能调查船。"海洋地质九号"科考船配备多套温盐深测量设备、声学多普勒流速仪、气象仪等水文气象设备,国际先进二维(三维)多道地震采集系统,深水单波束、多波束、浅地层剖面等综合地球物理测量系统,传统地质取样、可视化地质取样设备以及水下机器人、深拖探测系统、海底环境原位监测系统、无人船等智能化深海装备。2017年12月28日入列以来,航迹遍布黄海、东海、南海以及西太平洋、印度洋海域。

在本书的撰写过程中,青岛海洋地质研究所海洋技术方法室的各位同仁如数家珍般地提供了各种资料与图片。全书分为八章。第一章由尉佳、孙波撰写;第二章由刘慧敏、杜凯、马理新撰写;第三章由于得水、董凌宇、赵钏撰写;第四章由冯京、方中华撰写;第五章由王威、尉佳、李阳、秦轲、张世阳、翟元锋撰写;第六章由刘李伟、杜润林、田振兴、孙建伟撰写;第七章由虞义勇、郭建卫、窦振亚、孙军、滕沛志撰写;第八章由周吉祥、冯京、刘慧敏、刘李伟、孙建伟、李志彤撰写。

目 录

"海洋地质九号"科考船科普丛书

1 海洋探测技术的前世今生 ··(1)
  1.1 地理大发现 ···(3)
  1.2 早期海洋科考 ···(7)
  1.3 现代海洋科学调查 ··(8)
  1.4 现代海洋科学考察分类 ··(10)

2 星辰大海之导航定位 ··(11)
  2.1 水面导航——光的舞台 ··(12)
  2.2 水下导航——声的舞台 ··(17)
  2.3 姿态——旋转的秘密 ···(22)

3 海水的秘密 ··(25)
  3.1 为海水作"体检" ···(26)
  3.2 海水的流速 ···(31)

4 听声探海 ···(37)
  4.1 测深仪"绘"出海底"素描" ···(39)
  4.2 侧扫声呐"绘"出海底"容貌" ··(46)

5 透视海底 ···(51)
  5.1 海洋地震勘探的"前世今生" ··(52)
  5.2 海洋地震勘探的原理 ···(53)
  5.3 海洋地质九号科考船上的海洋地震勘探设备 ··························(54)

6 海洋重磁测量 ···(61)
  6.1 海洋重力测量 ··(62)
  6.2 海洋磁力测量 ··(66)

7 大海捞针 ………………………………………………………… (69)
7.1 表层沉积物取样 ………………………………………… (70)
7.2 柱状沉积物取样 ………………………………………… (91)
8 走向深海 ………………………………………………………… (103)
8.1 无人船系统 ……………………………………………… (104)
8.2 深海风筝——声学深拖系统 ………………………… (110)
8.3 水下机器人 ……………………………………………… (115)
8.4 海底摄像 ………………………………………………… (121)
8.5 着陆器 …………………………………………………… (126)
8.6 潜标 ……………………………………………………… (129)
主要参考文献 ……………………………………………………… (133)

> 看海和出海是两种不同的人生境界,一种是把眼睛给了海,一种是把生命给了海。
>
> ——汪国真

《庄子·秋水》有云:"天下之水,莫大于海。万川归之,不知何时止而不盈;尾闾泄之,不知何时已而不虚;春秋不变,水旱不知。此其过江河之流,不可为量数。"神秘而浩瀚的大海,总能激发人类的好奇心。古往今来,人类对海洋的探索从未停止。随着人类海洋探测技术的发展,人类对海洋的了解也越来越清晰,这更加促使人类向着海洋更深处去探索。

1 海洋探测技术的前世今生

1.1 地理大发现

"刳木为舟，剡木为楫，舟楫之利，以济不通。致远以利天下，盖取诸涣。"①，中华民族的先祖在上古时代就已经掌握了造船技术，春秋战国时期便出现了大规模的海上运输，并称船为"涉川之良器也"②。从秦始皇派遣徐福船队东渡日本开始，中华民族友好善良的品质就伴随着航船传播世界。汉武帝不仅派使臣张骞出使西域，更是打开了海上贸易通道。西汉的远航船队历经数十个月远航印度洋，途经苏门答腊、缅甸、马来西亚，穿过马六甲海峡到达斯里兰卡。当时的斯里兰卡已经成为东西方海上贸易的交通中转站，中国从此处可购得珍珠、璧琉璃、奇石异物等，中国的丝绸等物品则由这里转运到罗马等地。东汉桓帝在位时，更是与大秦（罗马帝国）进行友好往来，并构成了一条贯通亚、非、欧三大洲的海上航线。这是继著名的陆上丝绸之路之后，又开辟的一条海上丝绸之路。

三国、两晋、南北朝时期，东吴的战船巡航台湾和南海，僧人法显从印度航海归来传播佛教经书。至唐宋时期，随着国力的鼎盛，中国航海业全面繁荣，海上丝绸之路远至红海与东非，指南针导航技术取得重大突破。东西方在文化、政治以及经济上相互沟通，中国的丝绸、瓷器、茶叶、铁器传往西域，西域的食物、珠宝、香料乃至佛经传到中国（图1-1）。

明代永乐至宣德年间，伟大的中国航海家郑和率领史无前例的巨大远洋船队，28年间七下西洋，遍访亚非各国。这一壮举不仅将中国古代航海业推向顶峰，更是在整个人类航海史上，树立了一座不朽的丰碑。郑和遍历亚非各国期间，不仅带回了当地的丰富物产，更是将中华民族友好勤劳的精神传至各国（图1-2）。

郑和先后7次奉诏出使西洋率领的船队，是15世纪规模最大的远洋船队。其船员每次都有27 000人左右。船舶庞大，每次都有大、小海船200余艘；充任中坚力量的海船被称为"宝船"，长130～150 m，宽50～60 m不等。除此之外，还有马

---

① 出自《易·系辞下》。
② 出自《抱朴子·博喻》。

图 1-1　唐宋时期海上丝绸之路示意图

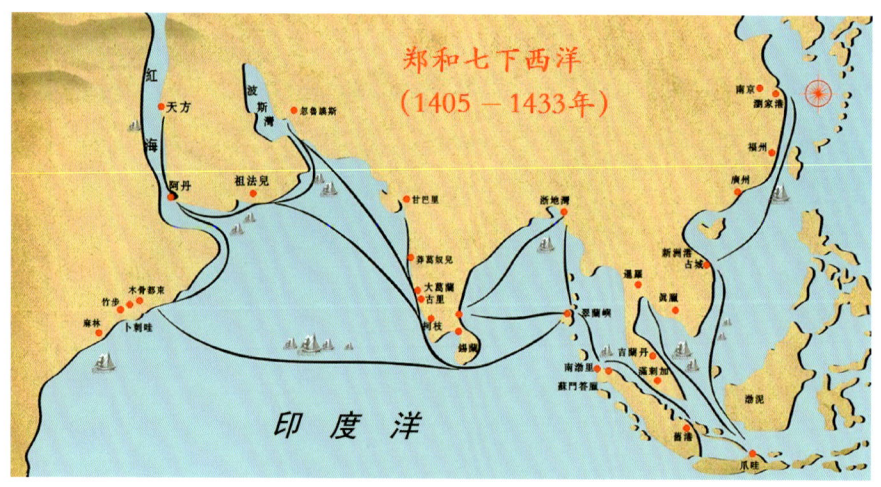

图 1-2　郑和下西洋途经各国示意图

船(快船)、粮船、坐船、战船、水船等种类的船舶。相比较而言,哥伦布1492—1505年曾先后进行4次美洲航行。第一次远航时,只有87名水手,3艘轻帆船,其中最大的旗舰圣玛丽亚号不过250t,仅为郑和宝船的1/10(图1-3)。规模最大的是1493年的第二次美洲行,船员为2500名,船只17艘,仅为郑和船队人员和船只的1/11。其他几支著名的西方远洋船队更小,如1497年绕过好望角到达印度的葡萄牙达·伽马船队,只有160人,4艘小帆船,其主力旗舰仅120t,全长25m。

1519年进行环球航行的西班牙麦哲伦船队,也只有265人,5艘小帆船,其中两艘130t,两艘90t,1艘只有60t,总吨位也不过是郑和船队一艘宝船的1/5。

图 1-3 宝船与圣玛利亚号的对比(据 Jan Adkins,1993)

郑和船队采用了当时世界上最先进的天文导航与地文导航相结合的导航技术。所谓天文导航是指利用牵星板与牵星术,通过观测不同季节、时辰的日月星辰在天空运行的位置和测量天体在海面以上的高度,来判断方向和确定船在海中的地理纬度(图1-4)。地文导航就是依靠罗盘来指引方位,罗盘上刻有天干地支组成的方位刻度。这种方法比同时期的西方和稍后的哥伦布等用的技术要丰富精密得多。

公元15—17世纪,大航海时代来临。大航海时代,又名地理大发现,指的是在欧洲经济危机的大背景下,怀揣着《马可·波罗游记》对东方遍地财富的梦想,利用中国发明的指南针导航方法,欧洲国家通过海洋向世界各处进行新生资本主义的殖民掠夺。这个时期涌现出了许多著名的航海家,有哥伦布、达·伽马、卡布拉尔、迪亚士、麦哲伦等(图1-5)。

大航海时代的到来,资本主义生产方式的兴起,促进了自然科学和航海事业的发展,随之以远航探险为主的海洋活动,记录并丰富了全球海陆分布和海洋自然地理概括等知识。

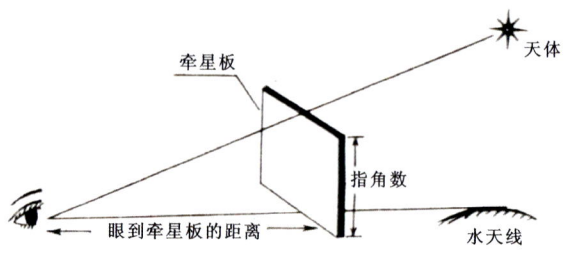

图 1-4　牵星板仿品与牵星术示意图

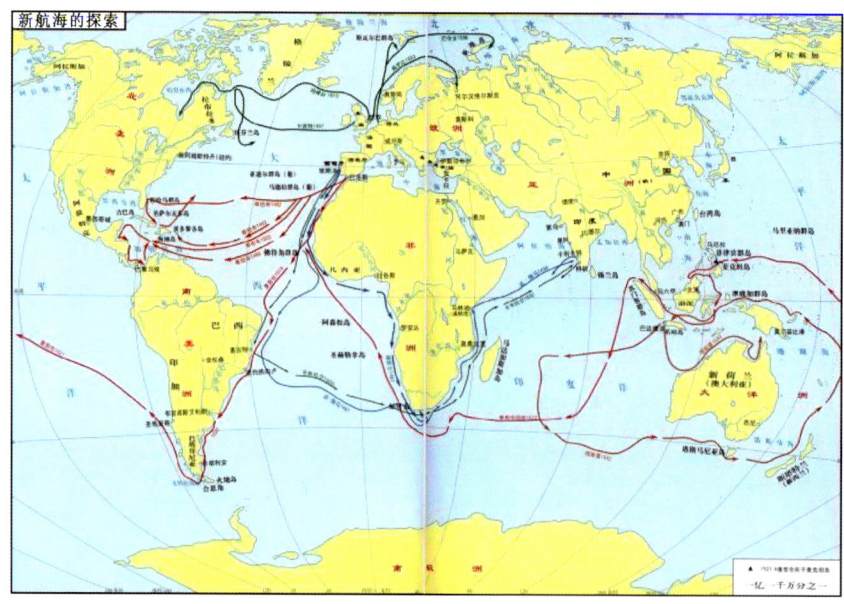

图 1-5　郑和与西方航海家的航行示意图

1.2 早期海洋科考

早期海洋科学考察,封建主义王朝明显落后于资本主义国家,也就是这段时间,中国的海洋科学考察落后于西方。从公元18世纪开始,欧洲多个国家开始发展海洋科学考察,获得了一批海洋资料。1768—1779年,英国的库克船长首次探索了南极冰圈范围,测量了新西兰沿岸的水深,获得了大量表层水温、海流等资料,并发现了包括大堡礁在内的诸多太平洋岛屿。19世纪至20世纪中叶,海洋科学初步形成,人类对海洋的探索从探险逐渐转向综合考察,在此期间,大批海洋研究成果涌现,海洋科学理论体系开始形成。其中最著名的是1831—1836年,英国罗伯特·菲茨罗伊船长指挥贝格尔号军舰进行的考察,达尔文作为博物学家参加了这次科考活动。达尔文收集各种海岸、海底的生物标本和岩石样品并进行分析,完成了一系列生物学和地质学的学术专著,包括著名的《物种起源》。1872—1876年,英国皇家学会组织挑战者号完成环球航行考察,在大西洋、太平洋、印度洋以及南极海域历时3年5个月,对数百个站位进行了多学科综合观测,并获得了大量成果(图1-6)。此次科学考察被认为是现代海洋学研究的开始,并引发了海洋考察热潮。德国流星号于1925—1927年对南大西洋进行了科学调查,因计划周密、仪器新颖取得了丰富的成果。流星号的成果,引起了美国、苏联、挪威等诸多国家的重视,并争先恐后地开展环球航行海洋调查。在此期间,英国人福布斯的《欧洲海的自然史》、美国人莫里的《海洋自然地理学》等诸多经典著作问世,美国的斯克利普斯海洋研究所、伍兹霍尔海洋研究所,苏联科学院希尔绍夫海洋研究所以及英国国家海洋中心等著名的海洋研究机构也相继成立(图1-7)。

中国国家海洋局成立于1964年7月,是由国土资源部管理的监督管理海域使用和海洋环境保护、依法维护海洋权益、组织海洋科技研究工作的行政机构。国家海洋局的成立标志着中国科技研究进入新时代。

图1-6　挑战者号科考船与贝格尔号军舰

图1-7　部分世界上著名的海洋研究科学机构的标志

1.3　现代海洋科学调查

　　20世纪中叶至今,现代海洋科学的时代到来了。全球各国的海洋专业研究机构相继建立,研究人员逐步增多,各国政府对海洋科学研究的投资大幅度增加,科考船的数量成倍增长。更加先进以及专业的海洋科学考察设备的出现,大大提高了海洋科学研究水平,研究成果更是迎来了爆发式的增长,大量科学论著面世。20世纪60年代,被誉为地质学革命的板块构造学说被提出(图1-8);海底热泉的发现给了海洋生物学与海洋地球化学启示;海洋中尺度涡旋和热盐细微结构的发现与研究也大大推动了物理海洋学的发展(图1-9)。尤其是21世纪,随着全球人口、资源、环境三大问题日益凸显,科学家开始把视线投向海洋,从海洋中寻求解决这三大问题的方法成为全球科学家的研究重点。

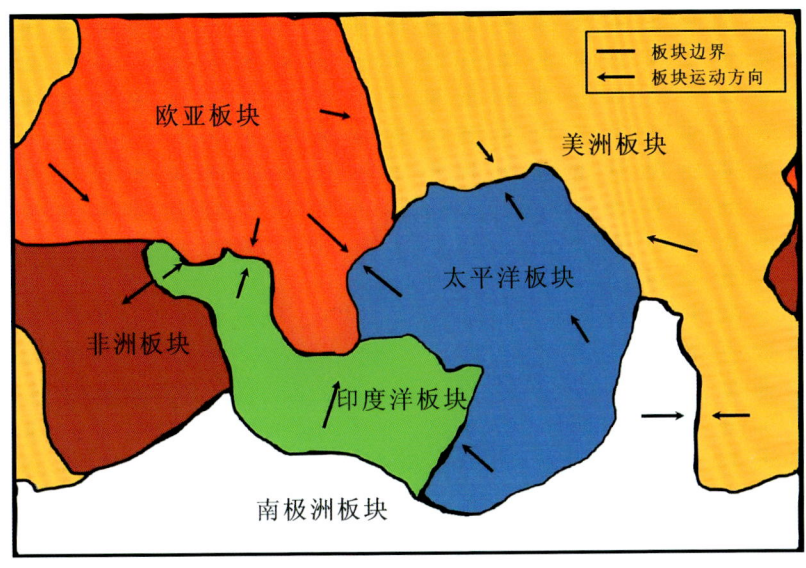

图 1-8 板块构造学说示意图（箭头指示板块运动方向）

图 1-9 海底热泉照片以及周围存在生物示意图

1.4 现代海洋科学考察分类

海洋科学考察按照学科分类有:海洋物理与大气调查、海洋地球物理与地质调查、海洋生物调查、海洋化学调查以及海洋水文调查等。按照调查范围的不同可以分为海洋水气圈层调查、海洋洋流循环系统调查、海洋岩石圈层调查以及海洋多圈层相互作用调查等。海洋作为地球上至关重要的一部分,其物理、化学、生物等运转规律与特征变化,直接影响到人类的生存,甚至影响到地球的未来。我们耳熟能详的厄尔尼诺①、拉尼娜②、海平面升高、冰川融化等现象,潮起潮落、鱼类迁徙、风起云涌都离不开海洋多圈层的相互作用。这便是人类为什么去探海的原动力。

---

① 厄尔尼诺现象是发生在热带太平洋海温异常增暖的一种气候现象,大范围热带太平洋增暖,会造成全球气候的变化,但这个状态要维持3个月以上,才认定是真正发生了厄尔尼诺事件。

② 拉尼娜现象就是太平洋中东部海水异常变冷的情况。东南信风将表面被太阳晒热的海水吹向太平洋西部,致使西部比东部海平面增高近60cm,西部海水温度增高,气压下降,潮湿空气积累形成台风和热带风暴,东部底层海水上翻,致使东太平洋海水变冷。

从古至今,人们的出行活动都离不开导航和定位。早期的人们靠着天上的星星和太阳辨别方向,后来中国人发明了作为人类文明史上四大发明之一的指南针,人们的出行才有了更准确的定位工具。在大航海时代(地理大发现),欧洲人凭借着先进的导航技术和地理知识发起了广泛的跨洋活动,开辟了众多海上航线,对世界各大洲之后数百年的发展产生了深远的影响。今天,无线电和声学技术在导航领域中广泛使用,使我们可以获得更高精度的位置信息,人们的航行有了比指南针更厉害的"引航员"。

海洋地质九号科考船装备了世界先进的海洋调查设备,具有海洋地球物理调查、海洋地质调查、海洋水文调查等多种手段,下面让我们一起去了解这些调查设备的功能以及相应的调查技术原理吧。

2.1 水面导航——光的舞台

明朝时期的郑和下西洋、16世纪麦哲伦全球航行等伟大的壮举都是通过司南或指南针在大海中确定方向的(图2-1)。随着人类的发展和科学技术的进步,我们现在拥有了卫星定位技术。平时我们拿出手机打开地图软件就可以看到自己的位置,想去哪个地方可以直接导航,这些都是卫星定位在给我们"指引"。我们知道卫星是远在太空中的,这么远的卫星是通过什么给我们定位的呢?

图 2-1 司南和指南针

2.1.1 全球导航卫星系统

全球导航卫星系统(global navigation satellite system,GNSS)是空间领域继人类登月和航天飞机后的又一重大成就,广泛应用于军事、交通、测绘、民生等领域。全世界共有4种主要的卫星定位系统,它们统称为全球导航卫星系统,分别是美国全球定位系统(global positioning system,GPS)、俄罗斯格洛纳斯卫星导航系统(GLONASS)、欧洲伽利略卫星导航系统(galieo satellite navigation system,GALILEO)以及我国自主知识产权的北斗卫星导航系统(beidou navigation satellite system,BDS)(图 2-2)。全球导航卫星系统是能在地球表面或近地空间的任何地点为用户提供全天候的三维坐标、速度以及时间信息的空基无线电导航定位系统。它是利用一组卫星的距离、卫星轨道位置、卫星发射时间等观测量求解用户接收端的位置,必须同时收到4颗卫星才能准确定位。

GNSS (global navigation satellite system)

美国GPS 俄罗斯GLONASS 中国北斗 欧洲伽利略

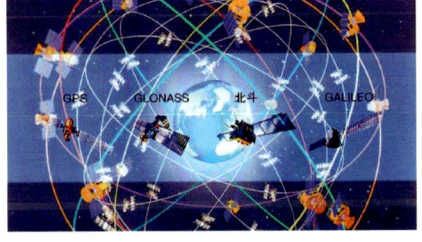

图 2-2 全球导航卫星系统

卫星导航定位技术目前已基本取代了地基无线电导航、传统大地测量和天文测量导航定位技术,并推动了大地测量与导航定位领域的全新发展。当今,GNSS系统不仅是国家安全和经济的基础设施,也是体现大国地位和综合国力的重要标志。

GPS是在美国海军卫星导航系统的基础上发展起来的无线电导航定位系统,具有全能性、全球性、全天候、连续性和实时性的导航、定位和定时功能,能为用户提供精密的三维坐标、速度和时间。GPS共有在轨工作卫星31颗。随着科技水平的进步,无线通信技术和全球卫星定位技术越来越多地应用于日常生活的方方面面。

格洛纳斯卫星导航系统(GLONASS)是由苏联国防部独立研制和控制的

第二代军用卫星导航系统,该系统是继GPS后的第二个全球卫星导航系统。该系统由卫星、地面测控站和用户设备三部分组成,系统由21颗工作星和3颗备份星组成。2001年8月起,俄罗斯在经济复苏后开始计划恢复并进行GLONASS现代化建设工作,GLONASS导航系统历经10年瘫痪之后终于在2011年底恢复全系统的运行(白羽等,2014)。

伽利略卫星导航系统(GALILEO)是由欧盟研制和建立的全球卫星导航定位系统,该系统于1992年2月由欧洲委员会公布,并和欧洲航天局共同负责。系统由30颗卫星组成,其中27颗工作星,3颗备份星。GALILEO系统是世界上第一个基于民用的全球导航卫星定位系统。

中国北斗卫星导航系统是中国自行研制的全球导航卫星系统。北斗卫星导航系统由空间段、地面段和用户段三部分组成,可在全球范围内全天候、全天时为各类用户提供高精度、高可靠定位、导航、授时服务,并且具备短报文通信能力,已经初步具备区域导航、定位和授时能力,定位精度为分米、厘米级别,测速精度0.2m/s,授时精度10ns(10^{-9}s)。

中国高度重视北斗系统的建设发展,自20世纪80年代开始探索适合国情的卫星导航系统发展道路,形成了"三步走"发展战略:第一步,建设北斗一号系统,1994年启动北斗一号系统工程建设;2000年,发射2颗地球静止轨道卫星,建成系统并投入使用;2003年发射第3颗地球静止轨道卫星,进一步增强系统性能。第二步,建设北斗二号系统,2004年,启动北斗二号系统工程建设;2012年年底,完成14颗卫星(5颗地球静止轨道卫星、5颗倾斜地球同步轨道卫星和4颗中圆地球轨道卫星)发射组网。第三步,建设北斗三号系统,2009年,启动北斗三号系统建设;2018年年底,完成19颗卫星发射组网,完成基本系统建设,向全球提供服务;2020年7月31日上午,北斗三号全球卫星导航系统正式开通,标志着北斗三号系统的全面建成。

GNSS每时每刻都在向地面站发送信号,地面站解算每颗卫星的信号,通过服务器将这些信息传送给移动通信网络,用户手持机同时接收GNSS信号和移动通信网络传来的解算信息,就可以看到自己在哪里了(图2-3)。

2.1.2 船载

海洋地质九号科考船上固定安装了星站差分定位系统Veripos LD5,除了

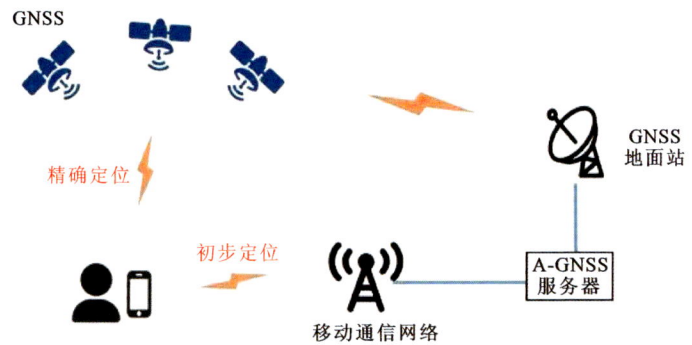

图 2-3　GNSS 差分定位系统

Veripos LD5 外,还有一些可拆卸的 GNSS 定位系统,如 C-Nav3050、Navcom SF3050、Navcom SF5050、Trimble SPS461、Trimble SPS351、南方测绘 DGPS 等。

卫星传来的信号是非常微弱的,因此接收机需要安装在视野开阔且无遮挡的位置,因此船上的桅杆顶部是一个绝佳的位置,如图 2-4 所示。

图 2-4　GNSS 接收机安装位置

Veripos 的接收机有 A420、V460 和 GA530 等,海洋地质九号科考船安装的型号为 V460 接收机(图 2-5)。

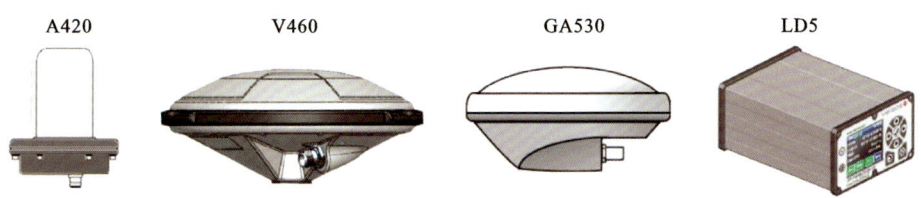

图 2-5　Veripos 三种接收机样式及 Veripos LD5 主机

Veripos 的星站差分定位算法基于全球 80 多个参考站的精确定位数据,这些数据与自有算法结合,用于计算基于卫星的定位误差,然后通过卫星将这些修正信号传输到船舶的接收机上(图 2-6)。因此在航行中的船舶就可以实时地得到星站差分信号,这种模式的定位精度一般为水平方向不大于 10cm,垂直方向不大于 20cm。

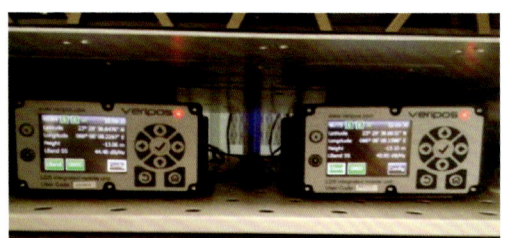 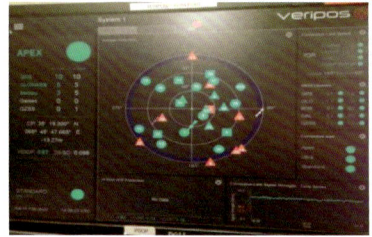

图 2-6　Veripos LD5 差分 GPS 接收机及软件界面

下图是 Veripos 公司在全球范围的卫星控制图,用户可以根据船舶所处的位置自行选择接收哪颗卫星的数据,这样可以方便接收更好的信号,得到更好的定位精度(图 2-7、图 2-8)。

图 2-7　Veripos 公司在全球 80 多个参考站的位置分布

海面导航在海洋地质调查中的应用主要包括:依托 GNSS 动态定位技术进行海岸带动态特征监测;开展坐标转换及高程拟合技术研究,为海岸带区域的海陆联测提供技术支撑;结合 GNSS 动态定位技术、地球重力场模型、沿海大地水准面

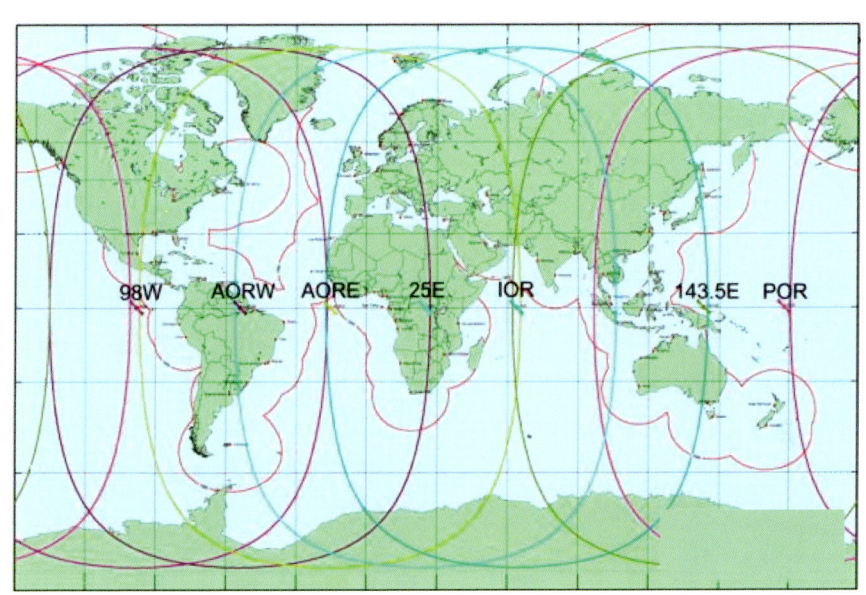

图 2-8　Veripos 公司在全球范围的卫星控制示意图

精化模型以及海潮模型,开展 GNSS 在航潮位测量研究工作,为无验潮水深测量提供支撑;开展高频 GNSS 高精度单点定位及测速研究,并结合谱分析技术进行波浪及潮位测量方法研究。

2.2　水下导航——声的舞台

　　海洋水下高精度定位技术是海洋开发活动的基本前提。由于全球导航卫星系统发射的电磁波信号在海水中无法有效地长距离传播,水下导航相较于水面导航要困难许多,此时我们需要另外一个帮手——声音。传统的陆地上距离、方位的测量都是依靠频率范围为 1～2GHz 的电磁波,该类电磁波在空气中传播衰减较小,但在水下衰减迅速,穿透数十米水深就会损失所有能量,故传统的陆上测量在水下无能为力。而声波在水中有较强的穿透力,水下测量可以采用声学系统。声波是发声体的振动状态在介质中传播的一种物理现象,水是声波传播的良好介质,它能有效地传播振动的信息。振动频率在 20Hz～20kHz 之间的声波称为音

频声波,频率高于20kHz的声波称为超声波,频率低于20Hz的声波称为次声波。声波在海洋中具有很强的传播能力,在海水中利用超声波,可以达到探测远距离目标的目的,但海洋环境的不均匀性和多变性,也强烈地影响着海水中声波的传播。

声波在海洋中最重要的参数就是传播速度。海洋中,平均声速近似等于1500m/s,但海水的温度、盐度、密度、压力都影响着声波在其中传播的速度,一般采用经验公式来对海水中的声速进行描述。由于声波在海水中的传播能力很强,因此利用其进行水下目标探测、目标定位以及水下工程测量等工作。

水下声学定位技术最早出现于20世纪50年代,随着制作工艺、软硬件及信号处理技术的提高,水下声学定位设备的定位精度也不断提高。通过记录声波发射和反射波接收的时刻,可以获得水下目标的距离信息。若按工作模式划分,水下声学定位技术可以分为应答器模式和水下同步信标模式。应答器模式即主动式定位,要求在母船和应答器上都安装有询问和接收装置,应答器接收询问信号后转发应答信号,这样就完成了一次定位;同步信标模式也称为被动式定位,信标按照预定的时刻发射信号,被母船上安装的换能器接收,并据此确定目标位置,这要求在母船或者水下目标物上安装有高精度的时钟同步系统。

一般而言,根据测量目标所需要的精度及其所覆盖的范围来选择声学频段。不同于无线电中的频率,此处所说的低频、中频等频率是依据声波在水下的传播性质划分的。水声定位系统的工作频率和作用距离如下(表2-1)。

表2-1 水声定位系统的工作频率和作用距离

声学频段	频率范围/kHz	作用距离/m
低频(LF)	8~16	>10 000
中频(MF)	18~36	2000~3000
高频(HF)	30~60	1000~2000
超高频(UHF)	50~110	<1000
甚高频(VHF)	200~300	<100

2.2.1 超短基线定位系统

对于水下目标位置确定,目前较为常用的声学定位系统是超短基线定位系统

(ultra-short baseline,USBL),另外还有短基线定位系统(short baseline,SBL)和长基线定位系统(long baseline,LBL)以及各系统的组合导航定位系统。一套完整的超短基线定位系统除去声学单元外还需要诸多外部辅助设备,系统一般由母船上的主控系统、船底定位声元基阵(换能器)、水下定位信标(应答器)以及外部设备(GPS、罗经、MRU以及声速剖面仪等)等构成。船底定位声元基阵一般由两对相互正交的水听器①和一个发射换能器组成,基阵孔径为几厘米至几十厘米。通过测量应答器与换能器各声元之间的距离,同时记录声脉冲到达应答器的相位差,采用交会方式即可得到应答器在船体坐标系下的坐标位置。

超短基线定位系统的换能器之间的距离只有几厘米。将水听器接收阵的多个单位,按等边三角形(或直角)布阵,设计在一个部件中,把三角形所在的平面当作计算基准坐标系的平面,与设置的声标(声学应答器)一起测量水下目标。超短基线定位系统是根据测量到目标点的距离和方位,得到水下目标相对于测量船的位置(图 2-9)。

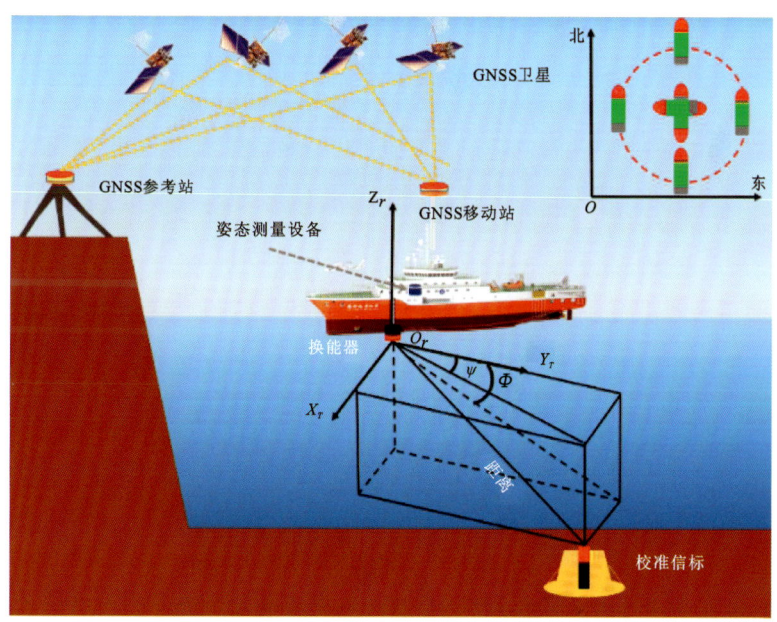

图 2-9　超短基线定位系统示意图

---

① 水听器又称水下传声器(hydrophone),是把水下声信号转换为电信号的换能器。根据作用原理、换能原理、特性及构造等的不同,有声压、振速、无向、指向、压电、磁致伸缩、电动(动圈)等水听器之分。

超短基线定位系统的换能器与多个水听器安装在一个收发器中组成声基元，称为声头，其尺寸仅有几厘米至几十厘米。声基元之间的相对位置可以精确测定，通过测定声基元间的相位差来确定换能器与目标之间的方位，距离则通过声波传播的时间和声速来确定。为提高定位精度，往往需要利用声速剖面对声速进行改正。水下超短基线定位系统的声学测量部分主要包括声基元和声信标。

超短基线定位系统通过测距和测向计算声学基阵和声信标的相对位置，通过测定声波到达不同的声基阵接收单元的时间差(或相位差)计算探头与目标之间的相对方位。

中国地质调查局青岛海洋地质研究所已配备的 Hipap 102P-MGC 超短基线定位系统，具有免校准、全海深测量的功能，可升级为综合水下定位系统(图 2-10)。

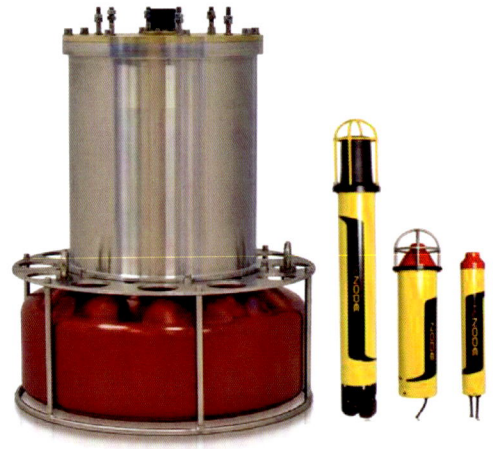

图 2-10　Hipap 102P-MGC 超短基线定位系统

2.2.2　多普勒计程仪

多普勒计程仪是水下高精度导航的关键传感器之一，能在距离海底一定范围内发射声信号，利用运动载体的声信号在海底反射形成多普勒效应，估计运动载体相对于海底的速度。当水中含有浮游生物或矿物质等颗粒时，多普勒计程仪可以测量被颗粒反射的回声信号并估算运载体相对于水流的速度。如图 2-11 所示，多普勒计程仪设备发射的 4 个声波沿着固定角度(图中箭头所示)传向海底，不同方向的海底反射信号经设备接收后,可对水下潜器相对海底的速度进行估计。

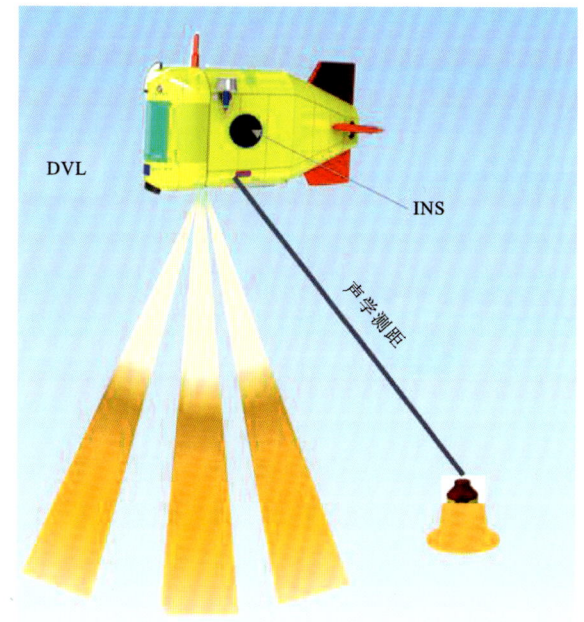

图 2-11　多普勒计程仪测速原理示意图

目前海洋地质九号科考船上装备的水下声学定位设备及技术储备可完成全水深范围内的定位服务,适用于海洋开发、海洋工程和海底资源调查等领域的水下定位服务,还可用于深海特征物搜查、配合大型设备作业、水下搜救打捞以及海洋大地测量基准建设等领域。

2.2.3　压力传感器

压力传感器的类型很多,其主要工作原理是根据高精度的压力数据和海水密度特性为水下运载体提供稳定的深度观测值。目前,高精度的石英压力传感器经过仔细校准和热补偿后通常测深精度可以达到测量深度的 0.01%,甚至更高。理想的压力传感器能对水下航行器所处的垂直深度进行高精度和高采样率的观测,可基本将水下航行器的三维立体导航问题转化为二维的平面导航问题。为了保证压力数据能精确地转换为深度值,需要观测整个水柱的温-盐-压剖面。为得到较高精度的深度数据,在使用之前还需要校准压力传感器。

2.3 姿态——旋转的秘密

对于在三维空间里的一个参考系，任何坐标系的取向都可以用 3 个欧拉角。而坐标系则固定于船体，随着船体的旋转而旋转。船的姿态通过姿态传感器进行测量，又称为航姿参考系统。

姿态传感器通常包含光纤罗经[①]和加速度计等辅助运动传感器，通过内嵌的低功耗处理器输出校准过的角速度、加速度、磁数据等，通过基于四元数的传感器数据算法进行运动姿态测量，实时输出以四元数、欧拉角等表示的零漂移三维姿态数据(图 2-12)。

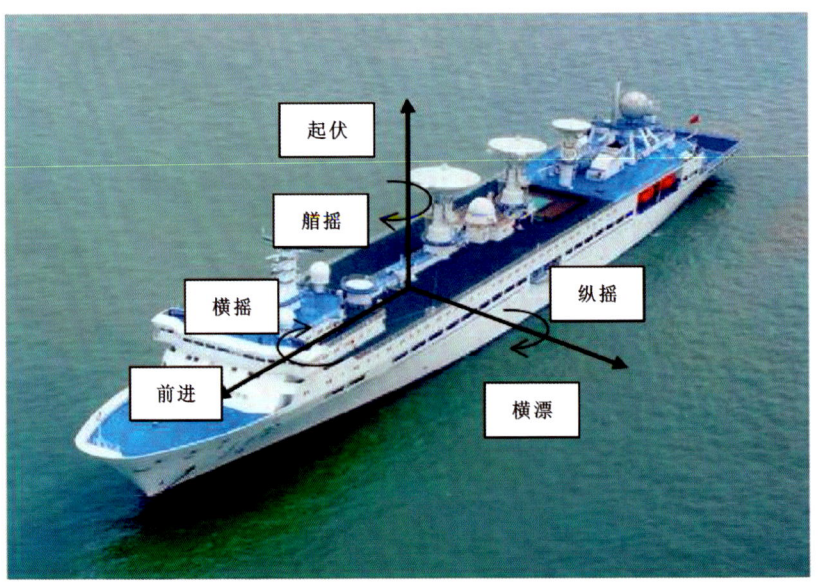

图 2-12　科考船的船体坐标及姿态旋转向

惯性导航系统(inertial navigation system，INS)可以测量载体的角速度信息并通过计算得到姿态变化量，同时测量加速度信息并再次计算得到其位移的变化

---

① 罗经是提供方向基准的仪器。船舶用以确定航向和观测物标方位。罗经有磁罗经和陀螺罗经两种，一般海船都同时装备有磁罗经和陀螺罗经。前者简单可靠，后者使用方便、准确。

量。惯性导航系统能为水下潜器提供高采样率的位置、速度和姿态信息。目前海洋地质九号科考船上安装有多套惯性导航系统(图2-13、图2-14)。

图 2-13　PHINS6000 和 MGC 光纤惯性导航系统

 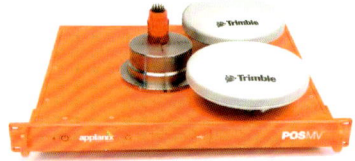

图 2-14　POSMV 姿态测量系统

3

海水的秘密

地球上海洋总面积约为 $3.6×10^9 km^2$,约占地球表面积的 71%,海水约占地球上总水量的 97%。海洋调节着全球的水循环,并储存着大量的二氧化碳和热量,海洋中的藻类植物还为地球提供了大量的氧气。海洋对人类日常生活有着巨大的影响。

人类对任何事物的认知都经历了一个从简单到复杂的过程,认识海洋、探索海洋最早也是从认识海水开始的。人类最先通过肉眼观察海水的颜色,用肌肤感受海水的温度,用鼻子和舌头去闻、去尝海水的味道,用竹竿去量海水的深度,随着社会的发展、科技的进步,发明了各种各样的仪器来更深入地了解大海。

3.1 为海水作"体检"

如果把海水比作人的身体,探测海水的过程就像是给人做体检,先望、闻、问、切,对海水的颜色、温度、盐度、深度等基本水文要素有一个大概的了解,然后通过探测设备具体测量各种要素指标,得出准确的数值。海水的温度、盐度、深度等常用参数揭示了海洋的基本物理特性,对于海洋经济开发、军事力量建设、海洋环境保护等具有非常重要的意义。

3.1.1 海水的温度、盐度、深度

温盐深测量系统用于测量水体的深度、温度和盐度 3 个基本的水体物理参数(图 3-1～图 3-3),根据这 3 个参数,还可以计算出声音在海水中的传播速度。

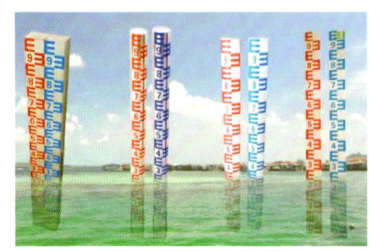

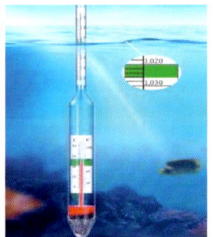

图 3-1 测量海水深度　　图 3-2 测量海水温度　　图 3-3 测量海水盐度

温度是表示物体冷热程度的物理量,海水温度和体温一样,以摄氏度(℃)表示,海水温度体现了海水的热状况。太阳照射和海洋大气热交换是影响海水温度的两个主要因素,此外,海洋洋流对局部海区海水的温度也有明显的影响。在开阔海洋中,纬度越低海水表层温度一般越高,海水深层温度一般随水深增加而降低,并呈现出季节性变化。

盐度指1kg的水内溶解物质的质量。海水盐度主要受纬度、河流、入海径流、洋流等的影响,因海域所处纬度位置不同而有所差异。在外海或大洋,影响盐度的因素主要有降水、蒸发等;在近岸地区,盐度则主要受河川径流的影响。蒸发使海水浓缩,盐度变高;降水使海水稀释,盐度变低。在有河流注入的海区,海水盐度一般比较低。

水深是表示从水面到海底的垂直距离。水深测量属于水文特征测量,是水下地形测量的基本方法。

3.1.2 "体检"装备

测量海水的温度、盐度和深度需要有专门的探测设备,此类设备有一个统一的名称:CTD测量系统即温盐深测量系统(conductivity,temperature,depth,CTD),一般称为温盐深系统。目前,海洋地质九号科考船配备的CTD测量系统一共有3种,包括定点布放式温盐深剖面仪、拖曳式温盐深剖面仪以及抛弃式温盐深仪。

1. 定点布放式温盐深剖面仪

定点布放式温盐深剖面仪广泛应用于海洋调查中,是目前应用最多的温盐深测量设备之一。以海洋地质九号科考船配备的 SBE 911/17 Plus CTD 测量系统和 AML Minos-X 便携式 CTD 测量系统为例,这两种 CTD 测量系统都属于船载绞车定点布放式温盐深剖面仪。还有一种搭载式定点布放温盐深剖面仪 SBE 37-SM。

SBE-911/17 Plus CTD 是由美国海鸟公司生产的温盐深综合剖面测量系统。它由 SBE 9 Plus 水下单元、SBE 11 Plus 甲板单元、SBE 32 采水器和 SBE 17 Plus SEARAM 控制记录单元等组成,水下设备耐压深度为 6800m。SBE 9 Plus 水下单元主要用于测量海水的压力、电导率和温度,还可搭载溶解氧、酸碱度、叶绿素荧光、浊度等多种传感器同时进行测量;SBE 32 采水器可配备12个(或24个)具有自动激发功能的8L采水瓶,一次作业可同步采集多个不同深度的海水水样,可为海洋化学、生物分析研究提供水样;SBE 17 Plus SEARAM 是整个系统的控制单元,同时为 SBE 9 Plus 水下单元和 SBE32 采水器提供电源(图 3-4)。

AML Minos-X 便携式 CTD 测量系统上有压力、电导率和温度传感器,还可搭载其他多种传感器,AML Minos-X 便携式 CTD 测量系统体积小巧轻便,不需要大型绞车系统支撑,就可以快速准确地完成海水温盐压测量(图 3-5)。

SBE 37-SM 温盐深剖面仪就像是一个"卧底",它适合搭载在潜标、着陆器等平台上,在入水前设置好开始工作的时间后,它就可以在海里默默地持续工作,最长可连续工作超过 6 个月(图 3-6)。

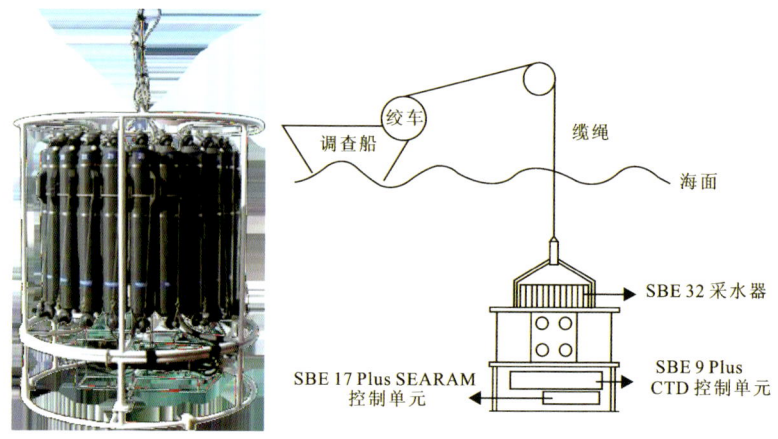

图 3-4　SBE 911/17 Plus CTD 测量系统和测量方式图解

图 3-5　AML Minos-X 便携式 CTD 测量系统

图 3-6　SBE 37-SM 温盐深剖面仪

2. 拖曳式温盐深剖面仪(moving vessel profiler, MVP)

拖曳式温盐深剖面仪,是指船只在航行过程中,通过拖曳搭载了传感器拖鱼[①]的方式测量,从而实现多参数剖面数据测量采集的系统。海洋地质九号科考船配备了 MVP300-3400 型走航式多参数剖面测量系统(图 3-7)。

图 3-7　MVP300-3400 型走航式多参数剖面测量系统

MVP300-3400 型走航式多参数剖面测量系统主要由甲板单元、搭载有 CTD 传感器的水下拖鱼、船载绞车和缆绳等构成。在船舶航行的过程中,利用绞车从船尾布放拖鱼,拖鱼被投放后在水中做类似于自由落体的运动,绞车在无动力状态下迅速释放缆绳,拖鱼在水中以近似垂直的轨迹下沉;当缆绳即将放尽时,绞车紧急制动,并开启绞车电机回收缆绳和拖鱼,当拖鱼回收至水面下安全距离时停止并冷却绞车一段时间,至此完成了一次上下来回的温盐深剖面测量。

MVP300-3400 型走航式多参数剖面测量系统最大可将缆绳投放至 3400m,在 12 节(1 节=1.852km/h)船速下,也可获得水下 300m 的剖面数据。在不同船速和不同放缆长度条件下,拖鱼测量温盐压的剖面深度会有所不同。根据预先设

---

① 拖鱼:是指由测量船走航测量时牵引的搭载测量传感器的小型拖体。例如侧扫声呐、海洋磁力仪、走航式 CTD 等。

置的参数,绞车和数据采集系统可以实现自动运行、往复投放和回收。

走航式多参数剖面测量系统实现了走航情况下对海水参数剖面进行连续测量,它就像一条游动的鱼,游到哪里数据就测到哪里,可以获得大面积海域的密集测量数据,极大地提高了大尺度海洋调查的效率。

3. 抛弃式温盐深仪(expendable conductivity temperature depth,XCTD)

抛弃式温盐深仪可以在船舶走航时,同步进行抛弃式测量,测出海水温度、电导率随深度变化的曲线,是一种具有实时、便捷、广泛特点的温盐深测量设备。抛弃式温盐深仪作业效率虽高,但是其探测深度有限,最大测量深度为2000m,作为消耗品来说,其本身造价也较贵。海洋地质九号科考船配备了2种抛弃式温盐深仪,分别是日本的TSK型XCTD和国产的LMT型XCTD测量系统(图3-8、图3-9)。

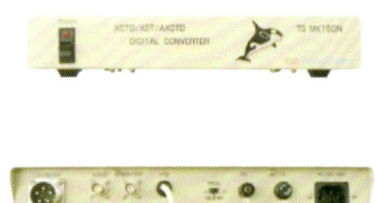
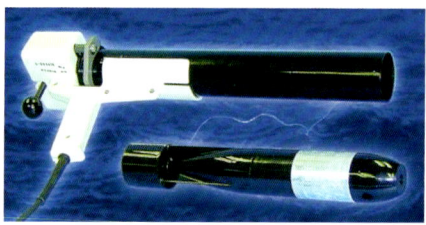

图3-8　日本的TSK型XCTD测量系统

图3-9　国产LMT型XCTD测量系统

抛弃式温盐深仪一般由发射装置、一次性抛弃式探头、数据接收单元和处理单元组成。发射装置不仅用于发射探头,还要作为水下探头和水上数据接收装置之间数据通信的辅助结构(图 3-10)。在探头脱离发射装置时,探头和发射装置中的传输导线线轴同时释放连接的高强度细导线,用于实现传感器测量数据的实时传输。测量时,探头在水中匀速下降,温度和电导率传感器采集数据并实时传输,深度则根据探头在水中的测量时间计算得出。

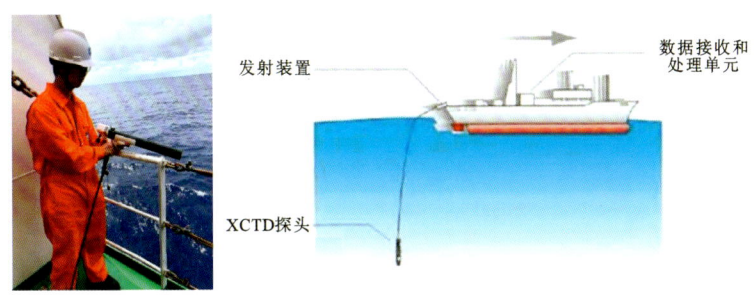

图 3-10 抛弃式温盐深仪现场释放(左)及工作原理示意图(右)

海水的温盐深数据是海洋水体最基本的物理要素,其数值对海洋中的其他物理要素如密度、声速,海水的化学和生物特性,以及水中物体运动均有着重要的影响,所以海洋调查活动中都离不开 CTD 测量系统的数据支持。目前,我国的 CTD 剖面测量技术虽已接近世界先进水平,但在部分领域仍处于技术跟踪阶段。随着我国经济和军事的发展脚步逐渐迈向深蓝,对更广阔海域进行环境监测的需求将更为迫切,故需要不断增强自主创新能力,大力研发具有自主知识产权的 CTD 剖面测量设备。

3.2 海水的流速

3.2.1 海流

大洋中的海水从来都不是静止不动的,它像陆地上的河流那样,长年累月沿着比较固定的路线流动着,这就是海流,又叫洋流。洋流根据流动海水温度的高低,可以分为暖流和寒流。不过,河流的两岸是陆地,而海流的"两岸"仍是海水,在一般情况下,用肉眼是很难分辨出海流的。大洋中的海流规模非常大,世界上最大的海流,有几百千米宽、上千千米长、数百米深。海流的方向多种多样。海流遍布整个海洋,既有主流,也有支流,不断地输送着盐类、溶解氧和热量,使海洋充满了活力(图 3-11、图 3-12)。

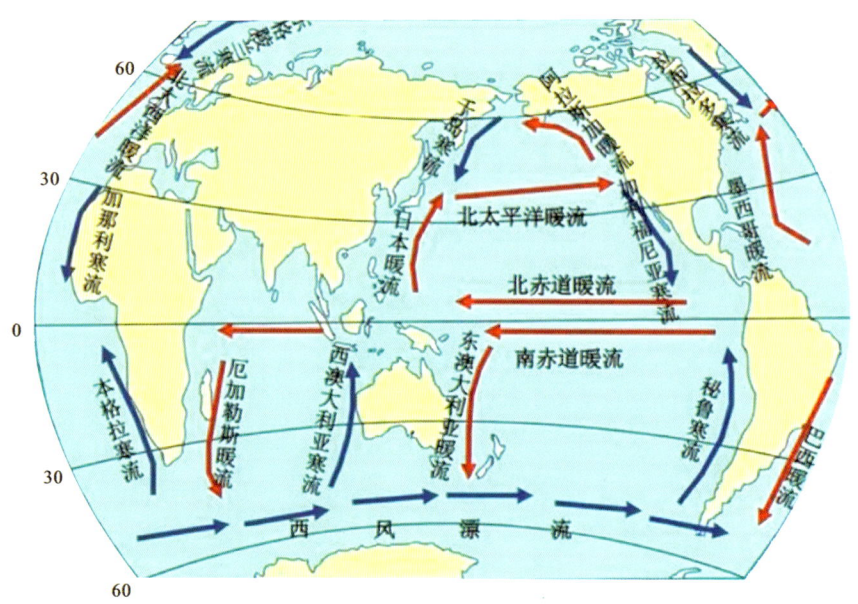

图 3-11 世界洋流分布图(北半球冬季)

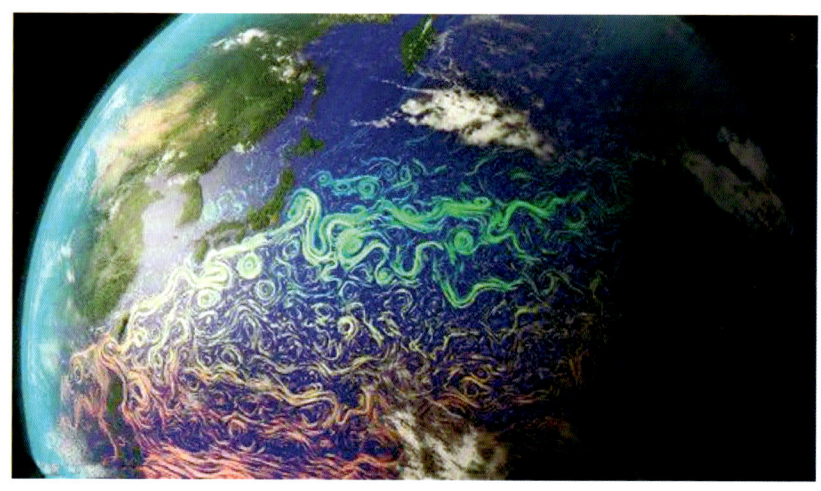

图 3-12 瑰丽的太平洋环流

在海上生态环境污染事件发生后,污染物质扩散转移主要受水动力等的影响,掌握海流环境,对海洋生态环境保护非常重要。下图 3-13 为美国国家海洋和大气管理局(National Oceanic and Atmospheric Adminstron,NOAA)监测到的日本福岛核泄漏事故导致全球海洋辐射污染情况。

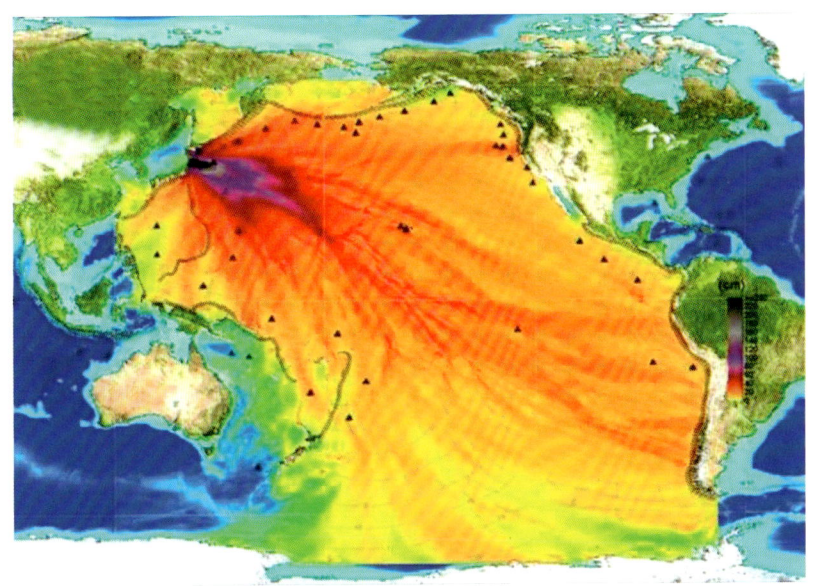

图 3-13　海流影响污染时空范围(图片来自网络)

3.2.2　海洋测流

利用声学多普勒效应,对海洋流速大小和方向进行测量,是流速测量手段之一。声学多普勒流速剖面仪(acoustic doppler current profiler,ADCP)是一种利用多普勒效应测量水流分层断面流速和方向的声学设备,广泛应用于海洋环境监测、海洋开发、海洋科学研究等领域。

1. 多普勒效应

多普勒效应是指一个运动物体发出的声波被一个静止的观察者听见时,在频率上将发生变化。如果发声物体靠近观察者运动,被听见的声音频率会升高;如果发声物体远离观察者运动,被听见的声音频率会降低。这种现象最典型的例子就是当你站在铁路旁,有一列火车鸣笛通过时,火车接近你时,汽笛声声调会变高,火车远离你时,汽笛声声调会变低(图3-14)。

声学多普勒流速剖面仪(ADCP)向水中发射固定频率的声波脉冲,声波脉冲碰到水中的散射体(如浮游生物、悬浮颗粒等)将发生散射;当散射体反射回的声波被ADCP接收到,ADCP就能通过处理反射回的声波在频率上的变化,以及相对运动矢量和相对速度矢量的关系,转换得出每个沿波束方向的独立流速分量;再根据ADCP波束与水面之间的夹角,将各个沿波束方向的流速分量转换成水平和垂直分量,最终得出各分层水流的流速和流向(图3-15)。

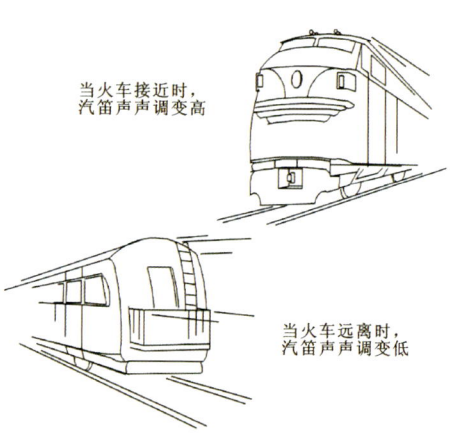

图3-14 多普勒效应实例

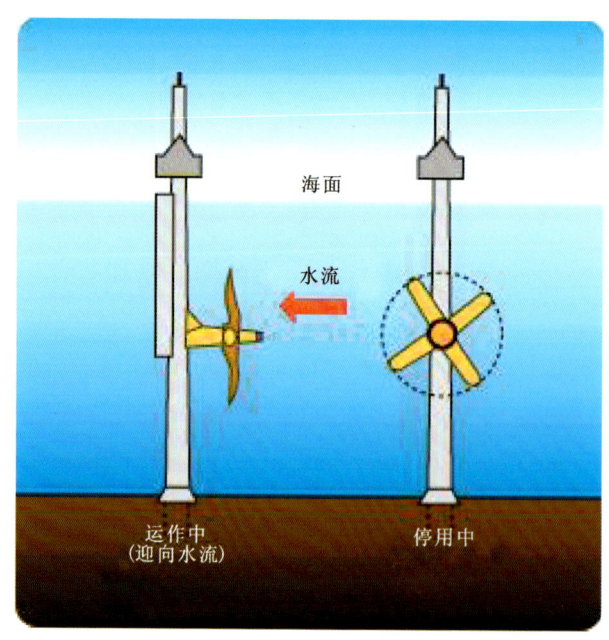

图3-15 ADCP测量系统工作示意图

2. 声学多普勒流速剖面仪

海洋地质九号科考船配备的是全球最大的声学多普勒流速剖面仪(ADCP)生

产厂家美国 Teledyne RDI 公司生产的 OS 38 千赫兹 ADCP。目前 OS 系列 ADCP 是世界上唯一一款相控阵船底安装式多普勒声学测流仪，在全世界船载测流设备中占主导地位。

OS 38 千赫兹 ADCP 由船体安装式换能器、甲板单元、数据采集处理系统组成，中心频率 38 千赫兹，通过 4 个波束的组合，可实现水深 1000m 以浅的流速、流向测量，最多可将水层分成 128 个单元层，底跟踪最大水深为 1700m（图 3-16、图 3-17）。甲板单元需要定期进行固件升级，而换能器要在每次船舶上坞时检视其表面上是否有裂痕、掉皮、气泡及附着寄生物。换能器安装在船体底部的中间位置，能最大程度保证海流的测量精度不受航行过程中船底气泡的影响。连接换能器的电缆接入到通用实验室机房里的甲板单元上，通过计算机处理后的数据显示在通用实验室的电脑终端。利用测量得到的流速、流向数据能够了解测区内的水文信息，也能为其他科考工作提供基础数据，比如在释放潜标及海底取样过程中估算设备在海底的着底位置。

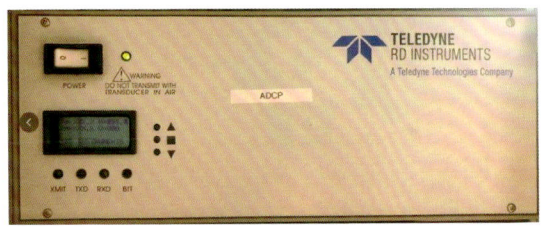

图 3-16　海洋地质九号科考船 OS 38 千赫兹 ADCP 测量系统（左为换能器，右为甲板单元）

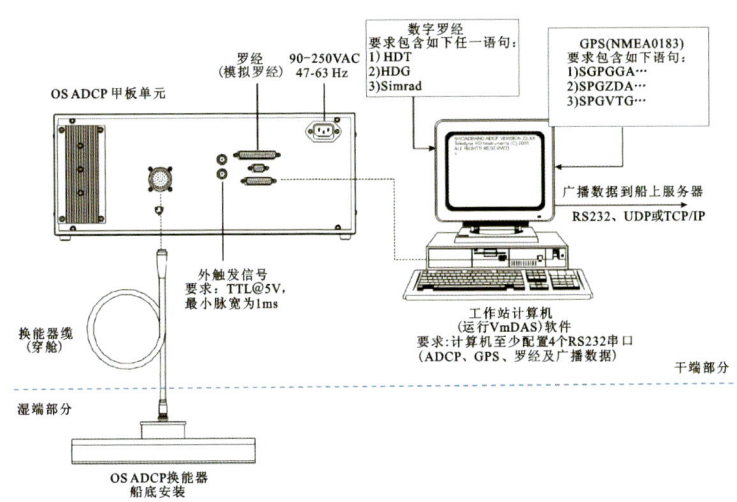

图 3-17　海洋地质九号科考船 OS 38 千赫兹 ADCP 连接示意图

海洋地质九号船的科考足迹已经遍布我国的黄海、东海、南海、西太平洋以及印度洋。海洋地质九号科考船曾在南海探测到"黑潮"的踪迹。黑潮为北太平洋西部流势最强的暖流,黑潮内所含的杂质较少,阳光穿透过水的表面后,较少被反射回水面,因此颜色较正常海水更深,故而得名"黑潮"。黑潮的流速相当快,可给洄游性鱼类提供一个快速便捷的路径,故黑潮流域中可捕捉到为数可观的洄游性鱼类以及其他受这些鱼类吸引过来觅食的大型鱼类。

4

听声探海

探秘深海——"海洋地质九号"探测技术

我们知道陆地上有一望无际的平原,有连绵起伏的丘陵,也有纵横千里的山川,那海底又是什么样子的,有没有平原,有没有丘陵,有没有山川呢?答案是肯定的(图4-1)。我们又如何来探索神秘的海底世界呢?"工欲善其事,必先利其器",为了更好地探索海底的秘密,人们制造出各种各样的海洋探测装备,如单波束测深仪、多波束测深仪、侧扫声呐等。

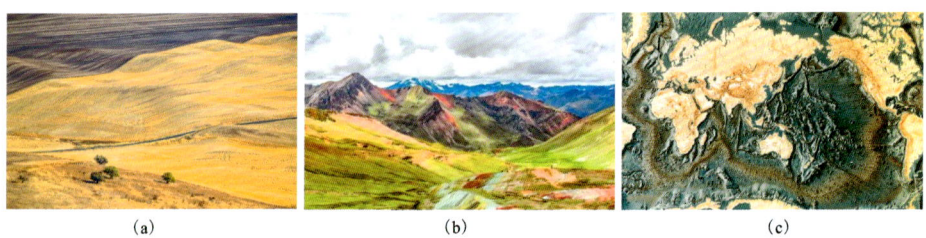

图 4-1 陆地上的平原、丘陵、山川(a、b)和海底的平原、丘陵、山川(c)

蝙蝠在飞行的时候通过口腔发射超声波,用耳朵接收因遇到障碍物而反射回来的超声波,来判断探测目标距离它有多远。依据此类仿生原理,人类研发了回声探测规律。单波束测深仪、多波束测深仪、侧扫声呐等海洋探测装备就是利用回声探测原理制造的,利用这些装备我们不仅可以精确测量海水深度,还可以一"睹"海底的容貌,发现沉睡在海底的"秘密"(图4-2)。

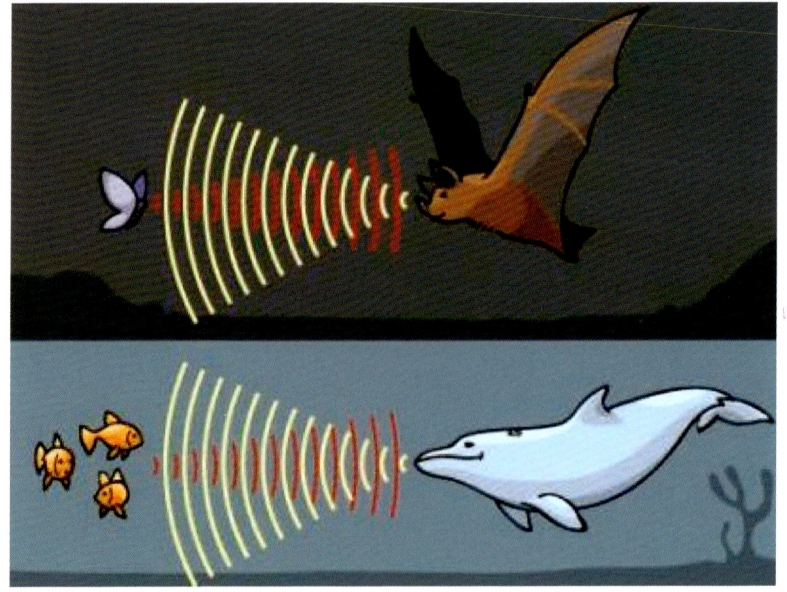

图 4-2 回声探测原理示意图

4.1 测深仪"绘"出海底"素描"

4.1.1 水深测量技术的"成长"历程

人类探索海洋的历史是从水深测量开始的,从最初的竹竿测深到水尺测深、铅锤测深,人类对海洋的探索也从近海走向远海。随着海水深度的增加,铅锤测深已经不能满足人类探索海洋的需要。进入工业时代后,海洋测深技术有了革命性的发展,人们利用回声探测原理发明了单波束水深测量设备,随着技术的革新以及海洋探索需求的进一步提高,人们发明了效率和精度更高的多波束水深测量设备,如今这些设备已经成为海洋地质九号科考船上的常规"武器"(图4-3)。

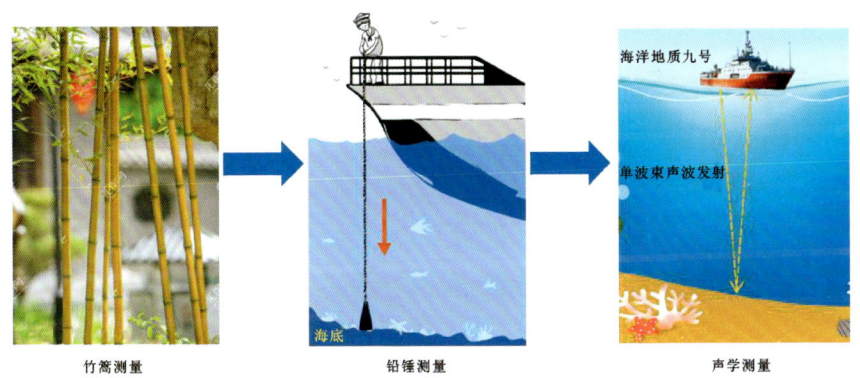

图4-3 水深测量"成长"历程

4.1.2 水深测量原理

单波束测深和多波束测深有所不同,顾名思义,单波束一次只可以发出一个波束,就像我们画一条虚线,通过一个个点就可以得到一条连续的线,因此单波束测量可以得到海底一条线上的水深;多波束测深设备则是通过发出多道波束对海底进行三维测量,它可以向船体两侧均匀发出多达几百道波束,进而测出海底目标物的大小、形状和高低变化,对一个海域进行全覆盖测量就可以在电脑显示器上直观地看到海底平原、丘陵和山川的"素描图"。

水深测量原理就像我们做的数学题,假设小明以 2km/h 的速度从家里前往学校,用了半小时到达学校,根据"路程＝速度×时间"这个公式,我们可以计算出小明家到学校的距离是 1km。我们测量的水深就像是小明家到学校的距离,不同的是,我们发射的声波以一定的速度到达海底后经过反射又回到了发射装置,相当于小明从家走到学校,然后又从学校返回了家中。因此将声速乘以声波运动时间得到的结果除以 2 就是海水的深度(图 4-4～图 4-6)。

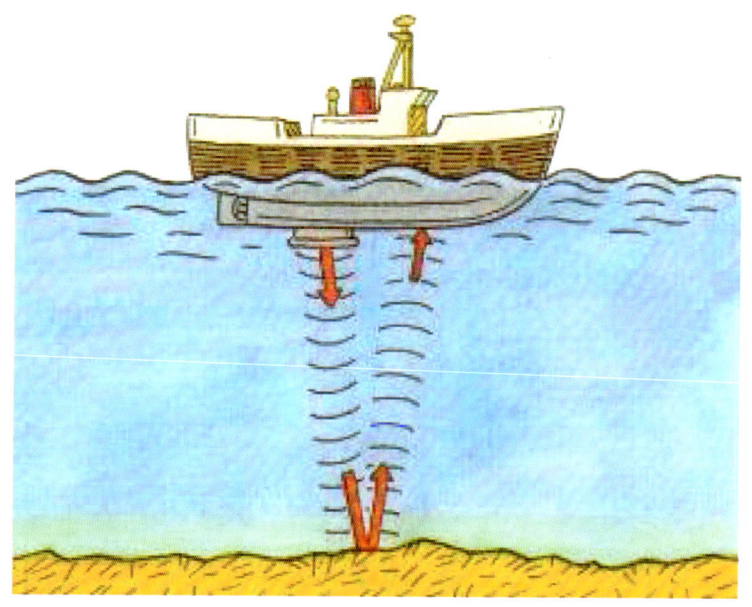

图 4-4　水深测量原理示意图

4.1.3　海洋地质九号科考船上的水深测量设备

1. 单波束测深仪

海洋地质九号科考船上安装了目前国际主流的、由挪威康士伯公司生产的万米单波束测深仪 EA600,该套设备可适应全球任何海域的水深测量。最大测量

图 4-5 单波束测深示意图

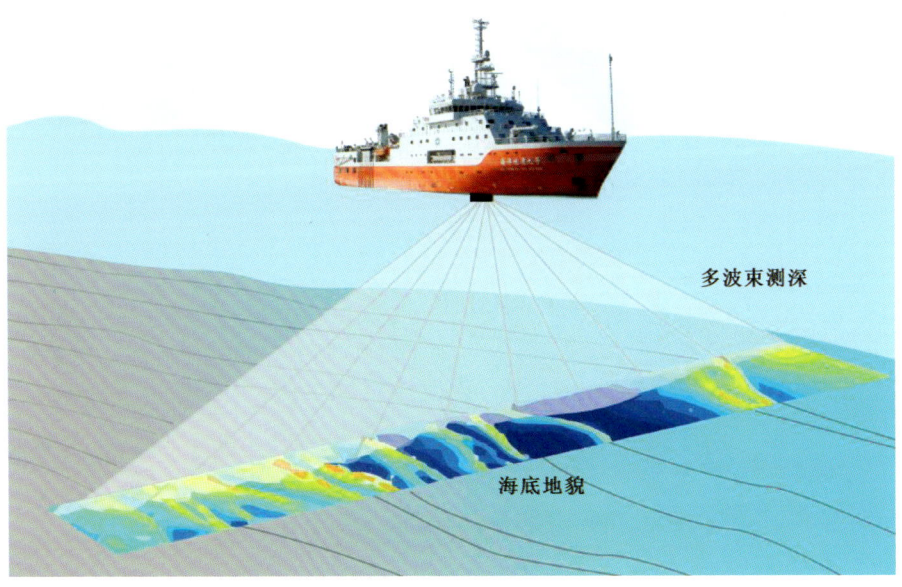

图 4-6 多波束测深示意图

深度可达 11 000m,它由 3 个圆形的换能器探头组成,对应的频率分别是200kHz、38kHz、12kHz(图 4-7)。其中200kHz的探头是最小的,直径为 0.5m,它的发射能量相对较小,主要用来测量浅海区域的水深,探测精度可达 1cm。12kHz的探头是最大的,直径为1.8m,它的发射能量是最大的,发出的声波频率是 3 个探头里最低的,可以穿过上万米的海水到达海底,测量精度可达到 20cm,在大洋科考调查中主要用此频率的探头来进行水深测量。38kHz的探头尺寸适中,直径为 1.2m,发射能量相对适中,可以对几千米的水深进行测量,测量精度可达 5cm。气泡对声波的传播有较大的影响,故测深仪的探头一般安装在气泡最少的船体底部中间位置,以降低水深测量噪声水源。连接测深仪探头的电缆接入到声学设备间,通过计算机控制系统处理后,最终测得的水深数据就显示在通用实验室的电脑终端上了,显示界面如图 4-8。这些水深数据可以为其他科考工作提供基础资料,比如在海底取样时,可以利用单波束测深仪实时知道取样设备距离海底的高度,让设备以安全的速度抵达海底,确保设备在控制范围内安全作业。

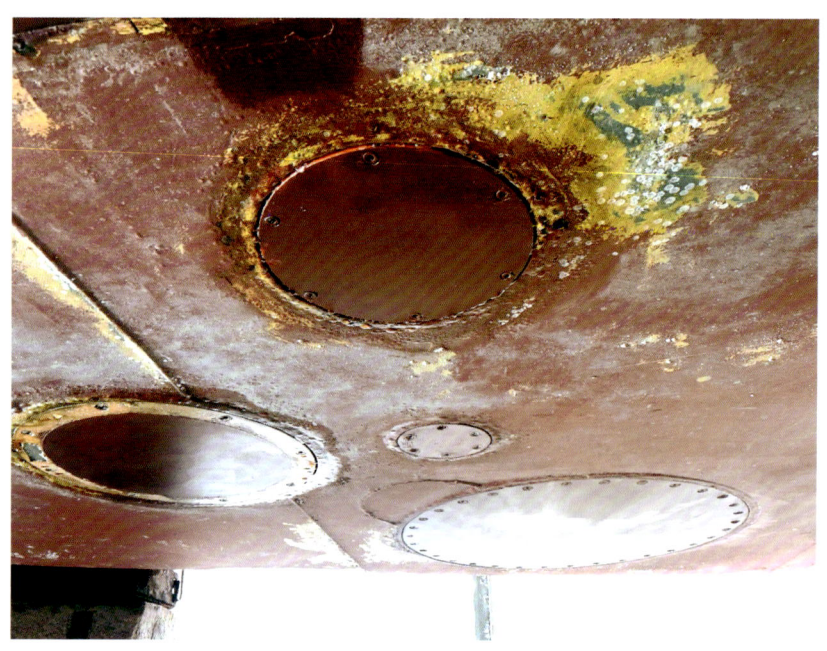

图 4-7　单波束测深仪探头船底安装完成图

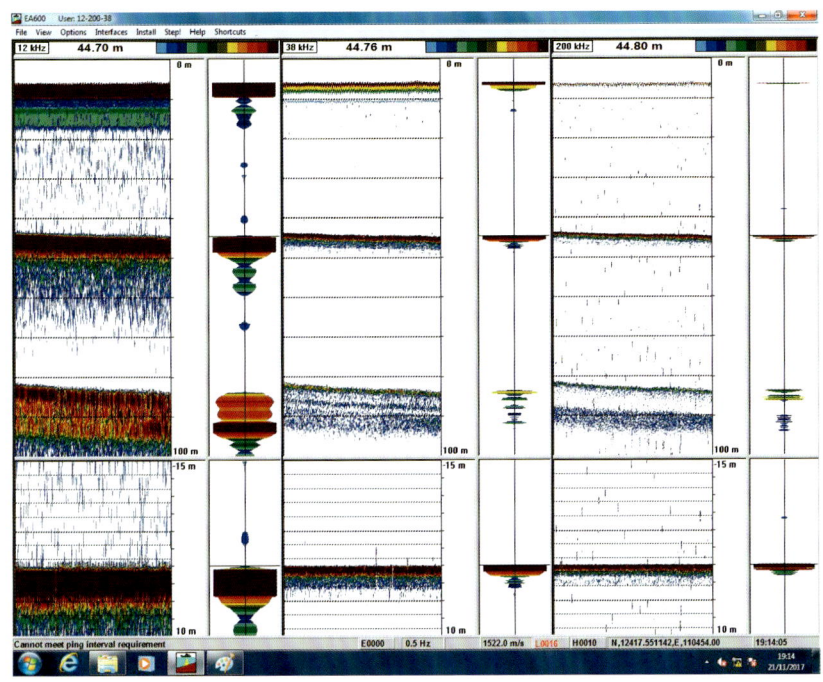

图 4-8　单波束测深显示界面

2. 多波束测深仪

海洋地质九号科考船上配备了目前国际主流的、由挪威康士伯公司生产的 EM302 多波束测深仪，它可以在全球 90% 的海域进行水深测量，最大测量深度可达 7000m。和单波束测深仪一样，多波束测深仪发射和接收声波的换能器也安装在船底（图 4-9），不同的是它由两个长方形形状的探头组成，在船底上显示为 L 形，其中平行于船体的部分是接收声波的装置，长 2m，垂直于船体的部分是发射声波的装置，长 4m，它的工作频率为 30kHz。为了避免船舶航行时产生的气泡对测量精度的影响，它的探头也安装在船底的中间位置，靠近单波束测深仪探头，如图 4-10 所示。它的"大脑"（计算机处理系统）也在声学设备间，它的"眼睛"（数据显示及控制系统）和单波束测深仪一样都在通用实验室。与单波束测深仪不同的是，多波束测深仪可以对海底进行平面测量，它分别向船体的两侧进行扫描，EM302 的单侧扫幅最大可以达到 8km，也就是说海洋地质九号科考船在沿着一条直线航行时可以测量 16km 内的海底水深数据。为了保障水深测量的精度，多波束测深需要经常进行声速改正，因为声音在不同水深区的传播速度是不一样

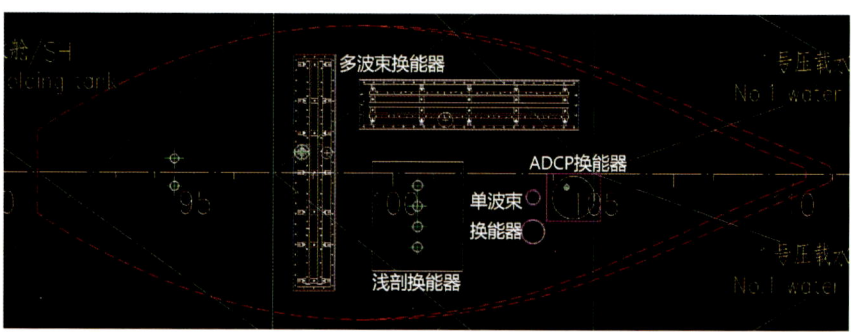

图 4-9　多波束测深仪发射和接收声波的换能器

图 4-10　船底多波束探头安装位置

的,在浅水区需要24h内对多波束测深仪进行一次声速改正,在深水区需要48h内进行一次声速改正,或者当多波束测量系统的显示器上出现"笑脸"或"哭脸",即水深条带无法拼接,从而形成明显沟、隆状地形时,就需要进行声速改正了(图4-11、图4-12)。

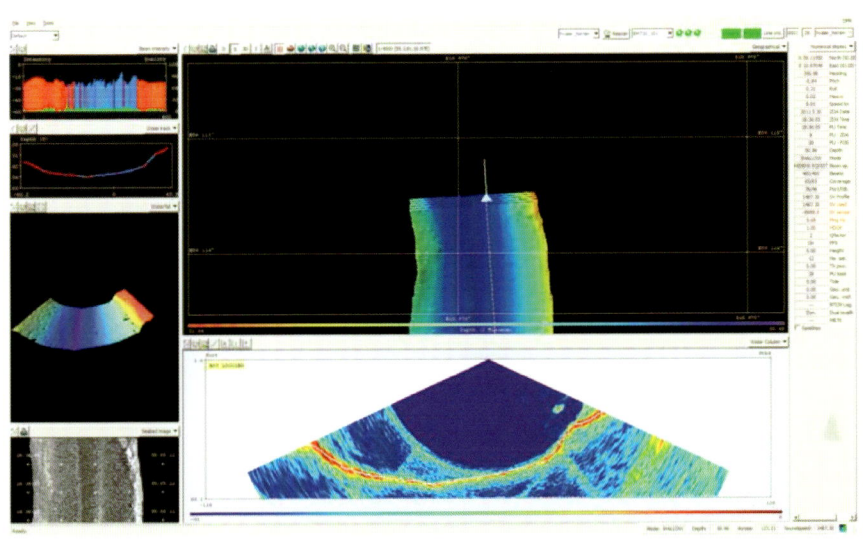

图 4-11　多波束测深显示界面

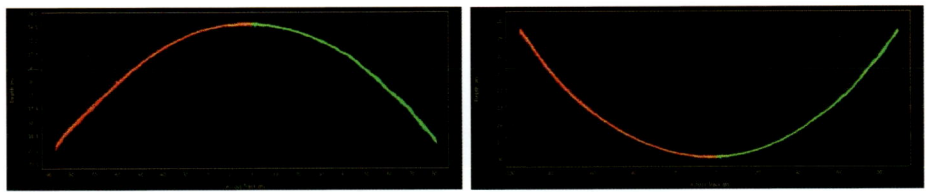

图 4-12　多波束测深显示"哭脸"和"笑脸"

4.1.4　水深测量设备的应用范围

如今,水深测深技术已成为一项基础的海洋探测技术,它工作时的船速可达 20km/h,在海洋探测中属于高效率的探测手段,有了单波束和多波束水深测量设备的帮忙,就可以为科考船开展科考工作提供最准确的水深数据,无论是在我国内海还是在大洋科考中都可为海洋科考工作保驾护航,因此它已经是科考船必备的一项技能。另外,水深测量还被广泛应用于海洋工程探测,如河道、航道测量、海底管道电缆铺设,同时在海域划界和海防军事等领域也可以发挥重大的作用。

4.2 侧扫声呐"绘"出海底"容貌"

4.2.1 侧扫声呐测量技术的"成长"历程

侧扫声呐是水下搜索、水下考察等重要工作的有力工具,它能不受水体可见度的影响快速覆盖大面积水域"看"到水下情况。侧扫声呐在海道测量、疏浚港口、港湾工程、锚地探测、水利勘察、生态环境调查、海洋调查等方面得到广泛应用,取得了明显的效果。

侧扫声呐测量技术经历了单侧悬挂式、双侧单频拖曳式、双侧双频拖曳式等发展过程。如今我们经常使用的是一些便携式的高精度系统,在获取图像时可以有一两个,甚至多个频率供我们选择。同时,具有三维声成像功能的测深侧扫声呐正逐步发展起来并走向应用,它能够弥补二维侧扫声呐的一些技术缺陷(图4-13)。

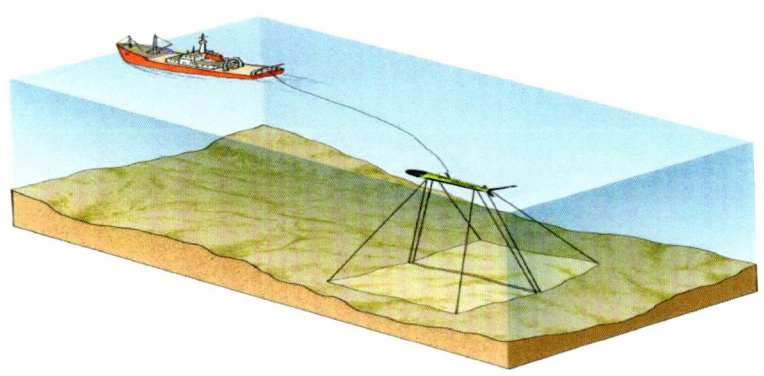

图4-13 侧扫声呐工作示意图

4.2.2 侧扫声呐测量的原理

在极度黑暗的大洋深处生活的动物不得不采用声呐来搜寻猎物和防避天敌

4 听声探海

攻击,我们人类发明的"声呐"就是通过对鲸和海豚的研究发明的。

当安装在探头上的换能器把供给的电能变成声能,并以一定频率的声波向海底发射时,声波便以每秒钟约1500m的速度在海水中迅速地传播开来,并向预定的方向散射。由于海底的地貌形态起伏多样,当声波到达海底时,会形成强弱不同的波顺次反射回来,并被接收器接收后转变成电信号送到收发信号机上,再经功率放大后作为记录信号供给显示终端,于是便得到了我们所需的海底地貌记录图像——海底地貌声图(图4-14)。海底地貌声图可以清楚地反映出海底的微地貌形态,一般情况下,硬的、粗糙的、凸起的海底回波强;软的、平滑的、凹陷的海底回波弱,被遮挡的海底不产生回波,距离越远回波越弱,根据这些原理就可以通过海底地貌声图间接地了解海底底质[①]类型以及岩石的产状和构造。

图4-14 海底地貌声图

4.2.3 海洋地质九号科考船上的侧扫声呐测量设备

在海洋地质九号科考船上安装了由美国Klein公司生产的Klein 5000 V2侧扫声呐测量设备,其设备主要由拖鱼(图4-15)、拖缆(100m轻型拖缆和3000m铠装钢缆)、控制单元及收发机和处理单元(TPU)(图4-16)3部分组成,并与其他外

---

① 底质是指江、河、库、湖、海等水体底部的表层沉积物质。

部设备如 GPS(提供位置信息)、绞车等配合使用(图 4-17)。该设备性能优异,能分辨出海底篮球大小的物体,作业时效高,单侧扫测宽度达 250m。拖鱼形似鱼雷,长约 2m,直径约 15cm,重约 70kg,两个成年人可以轻松搬动。作业时,利用绞车从船尾或船侧将拖鱼放入水中,通过拖缆拖曳前行,拖鱼入水深度与取得的图像质量密切相关。

俗话说,"站得高,看得远,离得近,看得清",要想取得分辨率高的图像,拖鱼离海底的距离就不能太远,换句话说,拖鱼要入水一定深度才能取得清晰图像。拖鱼入水深度一般通过调节线缆长度和船速来实现,就像我们放风筝,要想风筝飞得高,就得多放线、跑得快,要想拖鱼入水深,也需要多放线缆,但是要降低船速。此外,也可以在拖鱼拖体上安装沉降器,沉降器就像飞机的机翼,飞机通过机翼的调节来控制飞行,拖鱼也可以通过沉降器来调节拖鱼的入水深度和拖鱼的姿态。

拖鱼包含换能器阵列和电子电路子系统,用于数据、发射、接收、采集和远程传输,还可以通过传感器来监测拖鱼位置、姿态、压力、水深和高度、磁力及其他相关信息。收发机和处理单元(TPU)处理来自拖鱼的数据,并由网络输出数据,是这个系统的"大脑"。拖缆是同轴电缆,有一定的抗拉强度,为拖鱼传输电力,并在拖鱼和 TPU 之间双向通信,是这个系统的"神经纤维"[①]。

图 4-15　拖鱼

---

① 神经纤维:神经元胞质(胞浆)的延长部分称为"神经纤维",也叫"突起"。这里指拖缆具有传输电力和通信的能力。

图 4-16　收发机和处理单元(TPU)

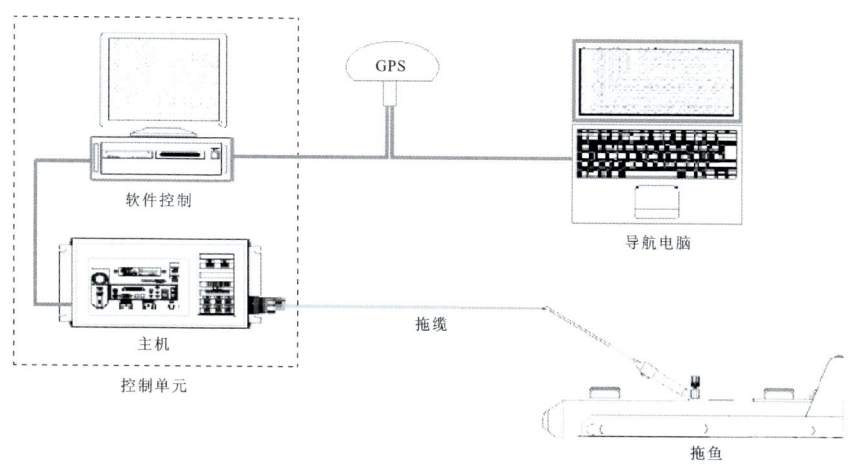

图 4-17　侧扫声呐的组成示意图

4.2.4　侧扫声呐测量设备的应用范围

　　侧扫声呐能显示微地貌形态和分布(图 4-18),得到连续且有一定宽度的二维海底声图,全覆盖不漏测,在大面积的海底测绘中具有非常高的效率,侧扫声呐分辨力高,海底声图能够显示地质构造形态和底质的大概分类,以及海床迁移及其稳定性。因此,它可被广泛应用在海洋测绘(港口建设、航道清淤)、地质调查(海底火山、洋脊调查)、水下特殊目标物探测(水雷、沉船、飞机残骸位置和形态调查)、环境保护调查及渔业调查(鱼群密度、拖网拖痕)以及工程勘察(海底电缆、海底输油管线的路由调查)。

图 4-18　侧扫声呐沉船扫测图

5

透视海底

探秘深海——"海洋地质九号"探测技术

探索过神秘的海底世界,想必大家一定会被大自然的鬼斧神工所震撼,徜徉于美轮美奂的海洋深处,就像欣赏艺术品一般。那么海底以下又是什么样子的呢?是平淡的岩石国度?还是震撼的地心世界?是千篇一律的石头?还是五彩缤纷的矿物资源?

各位在过生日的时候,想必都会收到礼物与美味的蛋糕。蛋糕共有几层?都有什么水果?每层是巧克力还是慕斯?想必在收到蛋糕时你脑中会冒出许多疑问,而在蛋糕被切开的一刹那,答案自然就揭晓了。大家想象一下,如果把地球比作一个大型的生日蛋糕,我们要如何找到切开地球的"刀"呢?聪明的科学家利用声学传播规律,创造出了一把把无形的"声学刀"和一双双无形的"声学眼",根据不同的目标层深度,以图像的形式将地下世界呈现在我们眼前。这种利用声波"切开"地球的探测方法我们统称为海洋地震勘探。

让我们怀揣着好奇心,带着海洋地质九号科考船的海洋地震勘探设备一起去了解地球的更深处!

5.1 海洋地震勘探的"前世今生"

海洋地震勘探方法具有强系统性、高集成度等特点,最初的海洋地震勘探起源于 20 世纪 30 年代中期,受限于当时的设备和方法,海洋地震勘探主要集中在浅滩海区域(图 5-1)。随着卫星导航技术、计算机技术以及压电检波器①的发展,到 20 世纪 50 年代,现代海洋地震勘探初具成形,作业区域也渐渐走向深海(图 5-2)。起初的人工震源是利用炸药在海中爆炸产生,不仅时间与爆炸深度等一系列问题无法控制,而且炸药对海洋环境与生物有破坏性的影响(图 5-3)。20 世纪60 年代初,为适应海上环境保护、安全和提高工作效率的需要,出现了非炸药震源。20 世纪末,海洋地震勘探技术飞速发展,在勘探精度上取得了质的飞跃。目前,海洋地质九号科考船上配备着全球最为先进的海洋地震勘探设备。

---

① 压电检波器:压电检波器的主要构成材料为压电陶瓷,压电陶瓷具有将外界压力转化为电压的特性,即压电检波器就是根据电信号的变化来测量外界压力的变化。

图 5-1　浅滩海区域作业

图 5-2　海洋地震勘探示意图

5.2　海洋地震勘探的原理

　　与水深测量的原理类似,海洋地震勘探也利用了声学反射原理,同时还利用了声学透射原理。隔壁邻居的说话声和楼下的歌声,如果过大,影响了我们的休

图 5-3　炸药在海中爆炸

息,为什么我们能听到呢?这是因为声波在传播的过程中发生了透射,并且能在不同的介质(固体、气体、液体)中传播。

5.3　海洋地质九号科考船上的海洋地震勘探设备

假设我们找到"大嗓门""顺风耳"和"大脑袋"这三种设备,放到海里,利用声波的传播特性,我们就能听到来自地下的反射声波了(图5-4)。

海洋地震勘探设备主要由"千里眼"(卫星导航系统)、"铁肺"(空气压缩机)、"大嗓门"(人工震源)、"顺风耳"(高精度水听器)、"距离尺"(声学测网)和"大脑袋"(实验室中心)六部分组成。根据探测深度的不同和人工震源的能量级别、高精度水听器的组合方式以及实验室位置的不同,可以将海洋地震勘探设备分成浅地层剖面、多道地震以及海底观测站。

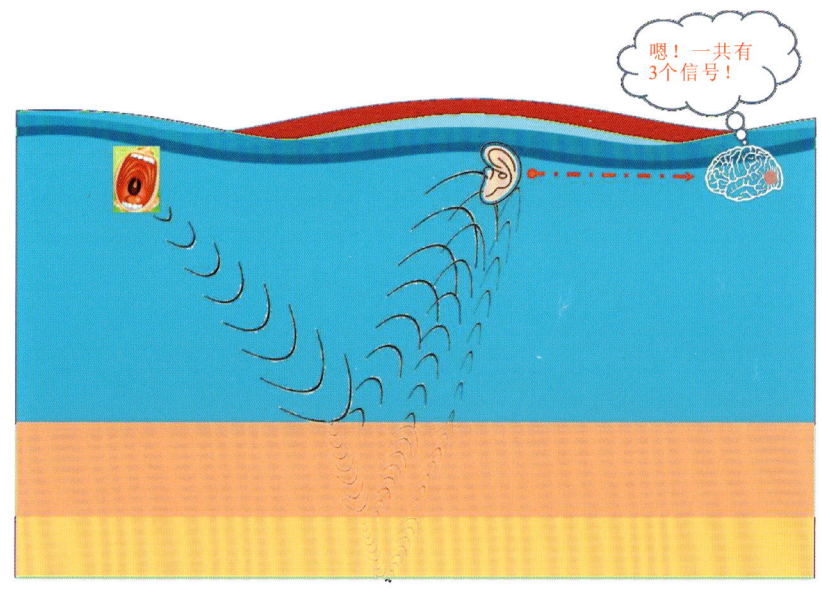

图 5-4　听来自地下的反射声波

1. 浅地层剖面仪

海洋地质九号科考船上安装了目前国际最为先进的参量阵浅地层剖面仪 Parasound 70(图 5-5)。该设备产自德国,能够满足全球所有海域深度的浅地层剖面调查。它由水下探头、集成机柜、光纤三维运动传感器、采集与处理工作站组成。水下探头大小约 $1m^2$,安装在船底左前方,能够自主激发 1～7kHz 频率范围的声波,并接收反射回来的信号。由于发射信号频率与能量的限制,该设备只能接收海底几百米之内的反射信号,但分辨率极高,能够分辨亚米级的地层分布。所以该设备被广泛应用于海洋工程地质、海底沉积物调查以及海洋环境评价等方面。

2. 多道地震仪

海洋多道地震仪是典型的地震采集设备。实际上,多道地震仪是从单道地震仪发展起来的,这里说的"道"可以理解为前文提到的"顺风耳"(高精度水听器)的个数。通常情况下,单道地震仪的接收设备将几个或者十几个高精度水听器集成到电缆中,水听器之间的距离约为几厘米,所有的水听器接收到的声波信号按照

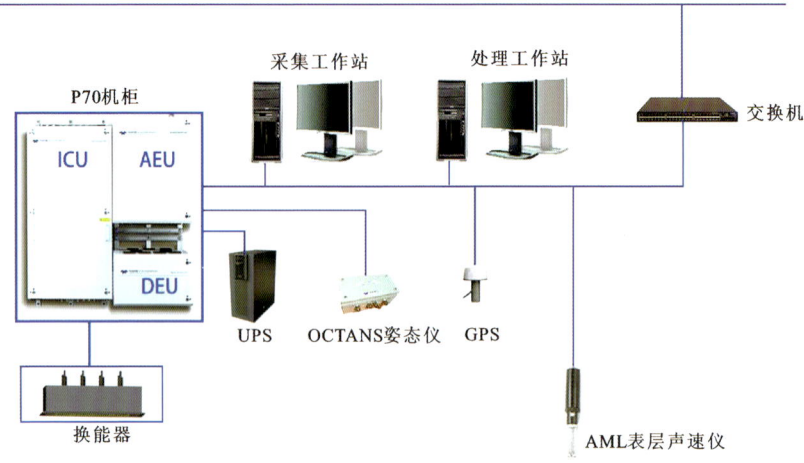

图 5-5 浅地层剖面仪示意图

比例合成为一个,在采集工作站中记录为 1 道,所以称为单道。为了增加采集的深度,科学家们将 7~8 个水听器组成 1 道,每道的长度为 6.25~12.5m,这样能够将 150m 电缆集成为 12~24 道水听器。根据探测深度,将不同数量的电缆段连接起来,形成几千米甚至十几千米长的电缆,这电缆叫作多道地震仪。例如长 8100m 的电缆,内部包含 4536 个高精度水听器。将电缆比作"顺风耳",高精度水听器就是"听觉神经",单道地震仪与多道地震仪相比,"听觉神经"的个数不同,能"听"到的声音范围与声音类型也不同。所以单道地震仪只适用于浅层地震勘探,而拥有更多"听觉神经"的多道地震仪适用于中深层地震勘探。

海洋地质九号科考船上配备有全套多道地震系统。首先,船体大桅上配备了对称的高精度差分 GPS 天线,能够实时接收导航卫星的信号,提供精度高于分米级别的定位信号,让科考船在茫茫大海上有明确的方向感与位置感。接收到的信号会实时传送到海洋地质九号科考船的"千里眼"卫星导航系统,该系统是英国 ION 公司生产的 ORCA 导航系统,该导航系统能够帮助科考船在海中自由航行。ORCA 系统包括实时数据计算、航行参数控制、定点计算触发、实时质量监控等模块。

比如,海洋地震调查需要在海上沿着固定方向进行走航式探测,每间隔相同的距离激发一次人工震源。海洋地质九号科考船的卫星定位信息经过实时数据计算模块进行分析计算,确定当前船位与计划测线的相对位置,航行参数控制模块能够连接船舶航行系统,进行自动航行、船速以及航向控制。每间隔相同的距离,实时数据计算模块与定点计算触发模块发出触发信号,传输到其他系统。整个过程能够通过实时质量监控模块对数据精度、时间、位置等信息进行质量把关,以高精度控制整个过程。

  定点激发人工震源需要气枪控制系统、气枪阵列以及空气压缩机完美配合。空气压缩机安装在海洋地质九号科考船最下层的机舱中,产自奥地利的 LMF 公司,每分钟能够提供 $51m^3$ 压力为 138 个大气压的空气,是名副其实的"铁肺"(图 5-6)。高压空气进入到气枪阵中的每个枪体中(图 5-7),等待着气枪控制系统发出指令。上面说到导航系统每次间隔相同距离发出激发信号,激发信号实时传输到气枪控制系统,此时气枪控制系统按照自己的"规矩",向气枪枪阵发出指令,气枪枪阵中的每个气枪枪体瞬间排出高压空气,整个气枪枪阵释放出的"空气炮",能够达到十几分贝至几十分贝,产生的声响足以惊动方圆几十千米的船只,确实配得上"大嗓门"的称号。

图 5-6 空气压缩机

图 5-7 气枪阵列

只有"大嗓门"奋力喊出,才能有效地接收来自海底深部的回声。声波从震源出发,经过海水、海底以及海底以下地层的传播,最终携带着地下的信息反射回到海面,这时"顺风耳"就能尽数听到。海洋地质九号科考船上装备着 2 台大型专用绞车,用于缠绕长距离电缆,每一台绞车可以缠绕 8100m 电缆。与此同时,还装备有 3 台小型专用绞车用于备份电缆的存放。海洋地质九号科考船能够同时拖缆 2 条 8100m 的电缆或者 1 条 12 000m 的电缆。为保障船体的平衡,两台大型专用绞车配备在船体中线,前后排列,高 7.8m,贯穿于电缆甲板与气枪甲板两层甲板。

电缆入水之后,为了实时确定电缆的姿态与位置,需要一把"距离尺"实时测量,不像在陆地上丈量,海上的"距离尺"需要借助电磁波通信测距。"距离尺"的主天线在海洋地质九号科考船大桅上,接收来自水中的各个声学探头信息。水中的声学探头包括枪阵 RGPS pod、尾标 RGPS pod、罗经水鸟以及声学测距水鸟(图 5-8、图 5-9)。这些小而精的设备能够实时向主天线传输距离与方位,构成一个精确的声学网络,再通过室内软件就可以实时显示"顺风耳"电缆与"大嗓门"枪阵在水中的位置与方位了。

图 5-8 黄色电缆缠绕在绞车上,黑框中的为水听器

有了"千里眼""铁肺""大嗓门""顺风耳""距离尺",想让这些仪器运转起来,还需要一个能够高速运转的"大脑袋"。它就是安装在海洋地质九号科考船三层

图 5-9　水鸟与尾标

甲板上地球物理综合实验室。地球物理综合实验室中的电脑主机与终端是分离的。电脑的主机放于 24h 恒湿的机房中,有不间断电源补给,能够实现全船科考仪器的全天候作业。电脑终端有 22 台显示器,能够同时监测地震导航系统、地震采集系统、声学网络系统、气枪控制系统、空压机监控系统以及现场地震资料处理系统。

3. 海底地震仪

海底地震仪(ocean bottom seismometer,OBS)是一种将检波器直接放置在海底的地震记录仪器,按照信号源频率的不同,可以分为短周期 OBS 和长周期(宽频带)OBS(图 5-10)。短周期 OBS 用于探测海洋人工地震剖面(人工源探测),探查海洋地壳[①]和地幔[②]的速度结构及板块俯冲带[③]、海沟[④]、海槽[⑤]演化的动力学特征等;长周期 OBS 用于观测天然地震(被动源探测),等同于在海底布设流动地震台站,研究天然地震的地震层析成像、地震活动性和地震预报等(图 5-11)。

---

① 地壳,地质学专业术语,是指由岩石组成的固体外壳,是地球固体圈层的最外层,岩石圈的重要组成部分。通过地震波的研究判断,地壳与地幔的界面为莫霍洛维奇不连续面(莫霍面)。

② 地幔介于莫霍面和古登堡面之间,厚度在 2800km 以上,平均密度为 $4.59g/cm^3$,体积约占地球体积的 82.26%,地幔的质量约占地球总质量的 67.0%,在很大程度上影响了地球物质的总组成。

③ 俯冲带通常指大洋板块俯冲于大陆板块之下的构造带。板块构造学说认为,大洋板块向某一方向移动,遇到大陆板,彼此相撞时,大洋板块由于岩石密度较大,处于较低部位,便俯冲于大陆壳之下,亦称消减带。因该带是地震学家贝尼奥夫首次测量出地震而得名,又称贝尼奥夫带。

④ 海沟是位于海洋中两壁较陡、狭长的,水深大于 5000m(如毛里求斯海沟 5564m)的沟槽,是海底最深的地方,最大水深可达到 10 000m 以上(马里亚纳海沟 11 034m)。

⑤ 海槽通常指边缘部分的倾斜面缓、长且幅度较宽的深海底的凹形地带。它一般位于列岛、海隆、海岭等之间,与之呈平行关系,并互相邻接。也有的海槽呈弯曲状,且延伸很长。

如把每一个海底地震仪看成一个"道",像极了一只只贴在海底的"顺风耳"。当然,你也可以把它想象成医生手中的听诊器。将十几个甚至几十个海底地震仪按照一条直线投放到海底后,科考船沿着既定的计划航线进行放炮,这时贴在海底的"顺风耳"就能倾听到地球的"心跳"了。

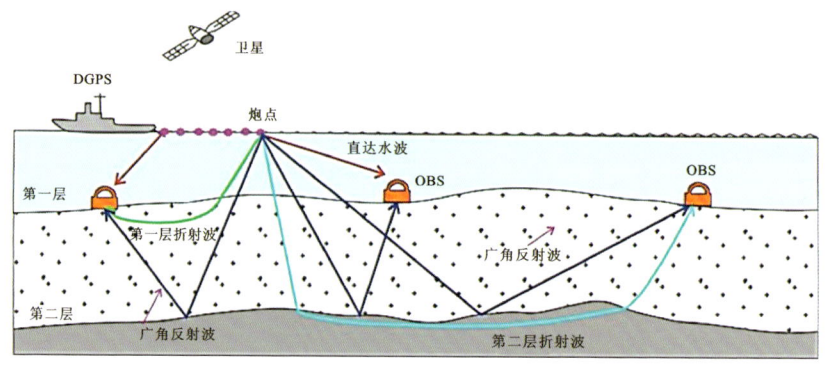

图 5-10　OBS 作业示意图

图 5-11　OBS 实物

6

海洋重磁测量

海洋重磁测量分为海洋重力测量和海洋磁力测量,它在海洋调查中有着十分重要的位置,是海洋地球物理调查中常用的地球物理手段之一。海洋重力测量是将重力仪安放在调查船上或经过密封后放置于海底进行观测,以确定海底地壳各种岩层质量分布的不均匀性。由于海底存在不同密度的地层分界面,这种界面的起伏都会导致重力的变化。通过对各种重力异常的解释,以及对重力异常的分析与延拓,可以获取地球形状、地壳结构和沉积岩层中某些界面的异常资料,进而解决大地构造、区域地质方面的问题,为寻找金属矿藏提供依据。海洋磁力测量是利用拖拽工作船后的磁力仪或磁力梯度仪,对海洋开展地磁场强度数据采集,进行海洋磁力观测。将观测值减去正常磁场值并作地磁日变矫正,即得磁异常。通过分析海底岩石和矿石磁性差异所产生的磁异常场,可以了解区域地质特征,如结晶基底的起伏、沉积的厚度、大断裂的展布和火山岩体的范围等。

6.1 海洋重力测量

6.1.1 重力简介

重力是我们身边最常见的力,也是最为神秘的。重力的发现还要从牛顿的暑假开始说起。1665年,因为伦敦暴发鼠疫,剑桥大学停课,牛顿回到了家乡。

1666年,一个慵懒的午后,牛顿背靠在一棵苹果树下,手里一边拨弄着小草,一边想现在胡克(常和牛顿一起玩耍的伙伴)和他们那帮小子在搞什么。突然,一个苹果从树上掉了下来,正好落在了这个天才的头上。被砸的牛顿一下就有了灵感,为什么苹果会砸在自己的头上呢?苹果从树上掉下来为什么是往下落而不是飞向天空呢?这一幕引发了他对重力的思考。牛顿开始研究物体运动的规律,他想知道为什么物体会落地,为什么天上的星球会绕着太阳运转。

在接下来的几年里,牛顿进行了大量的实验和观察,发现了一些规律性的现象,最终于1687年发现了万有引力。万有引力全称为"万有引力定律",是物体间相互作用的一条定律,任何物体之间都有相互吸引力,这个力的大小与各个物体的质量成正比例(图6-1),而与它们之间的距离的平方成反比。这一理论被后来的科学家们广泛接受,成为现代物理学的基石之一。

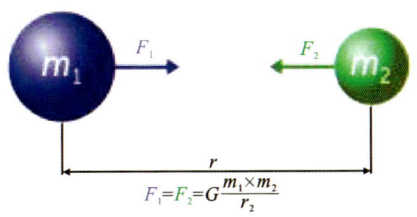

图 6-1 万有引力定律原理图

6.1.2 海洋重力测量原理

海洋重力测量以牛顿万有引力定律为理论基础,以组成地壳和上地幔各种岩层的密度差异所引起的重力变化为前提,通过专门仪器测定地球水域的重力场数值,给出重力异常分布特征和变化规律,进而研究地质构造、地壳结构、地球形态和勘探海底矿产等。海洋重力测量的目的是寻找重力异常。观测重力值在引入必要的校正后与正常重力值的偏差称为重力异常。校正的项目很多,可归结为两类:一类是为得到观测重力值所作的校正,如厄特渥斯校正、零点漂移校正、绝对重力值校正等;另一类是为得到重力异常所附加的校正,如自由空间校正、布格校正、地形校正、均衡校正、正常场校正。

6.1.3 海洋地质九号科考船上的重力仪

海洋重力测量是海洋大地测量的重要组成部分,也是海洋地质和海洋地球物理调查的主要内容之一。进行海洋重力测量的仪器就是海洋重力仪(图6-2)。船舰或潜水艇在海洋中匀速直线航行时,海洋重力仪能连续地进行重力测量。海洋地质九号科考船配备了5台不同型号的海洋重力仪(图6-3),其中有美国产的重力仪1台、德国产的重力仪2台和国产的重力仪2台。

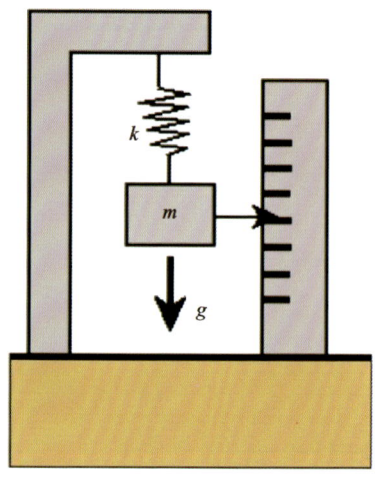

图 6-2　海洋重力仪基本原理图

A. KSS31-M 海洋重力仪；B. Air-Sea System Ⅱ 重力仪；C. KSS32-M 海洋重力仪；
D. SAG-2M 海洋重力仪；E. ZL11-1A 海洋重力仪

图 6-3　海洋重力仪

测定重力值可以利用与重力有关的许多物理现象,例如在重力作用下的自由落体运动、摆的摆动、弹簧伸缩等。其中,KSS31-M 海洋重力仪和 KSS33-M 海洋重力仪为垂直弹簧重力仪,类似弹簧秤;Air-Sea System Ⅱ重力仪类似斜拉的弹簧秤。

目前国内海洋重力调查设备多为国外进口,但国内多家单位研制的国产海洋重力仪也已经进入实用化阶段,其中北京航天控制仪器研究所研制的 SAG-2M 海洋重力仪和天津航海仪器研究所研制的 ZL11-1A 海洋重力仪已经进入商业化阶段,正在逐步完成国产化替代。

SAG-2M 海洋重力仪采用的重力传感器是一种动态范围可达 $\pm 2g$ 的高精度石英加速度计,该型重力传感器具有精度高、输入范围大、动态适应性强的优点;该设备将重力传感器集成于高精度三轴陀螺数学平台,该数学平台无机械转动部件,无倒台故障模式,动态适应性强、可靠性高。由于 SAG-2M 海洋重力仪具有宽范围输入、高动态适应性,使其完全能够适用于航空重力测量。

ZL11-1A 海洋重力仪是由天津航海仪器研究所研制的最新一代稳定平台式海洋重力仪,具有完全自主知识产权,能够应用于各型测量船、科考船等载体,实现近、远海水面重力测量。该重力仪进一步提升了高动态适应能力和工程化水平,长期工作性能稳定可靠。

由于船的震动和摇晃都会影响重力仪的测量精度,因此,重力仪器均安装于调查船稳定中心部位,即机械振动影响小的仪器室,重力仪的纵轴应沿船的纵轴(首尾连线)方向,应尽量安装在靠近船舶运动中心的位置,船舶中心线靠近水线处是最佳安装位置。

6.1.4　重力仪测量成果

海洋地质九号科考船已在西太平洋,印度洋,我国黄海、东海和南海开展过大量重力测量。高精度重力数据可以用于研究地壳深部构造,研究区域地质构造,划分成矿远景区,掩盖区的地质填图(包括圈定断裂、断块构造、侵入体等),查明区域构造(确定基底起伏,发现盐丘、背斜等局部构造)。同时还广泛用于普查与勘探可燃性矿床(石油、天然气、煤),普查与勘探金属矿床(铁、铬、铜、多金属及其他),查明与成矿有关的构造和岩体,进行间接找矿等。

6.2 海洋磁力测量

6.2.1 海洋磁力仪简介

海洋磁力测量是在海面上通过磁力仪测量地磁强度。20 世纪初,海洋磁力测量是用陆地上所用的磁测仪器和方法在非磁性的木帆船上进行的,由于速度慢、精度低,没有大规模投入应用。1956 年,用于海上测量的质子旋进磁力仪被制造出来,其测量方法简便、精度高、传感器不用定向,从而得到了广泛应用。20 世纪50 年代末期,海上磁力测量蓬勃发展,目前海洋磁力仪的航迹已遍布各大洋,尤其是在大陆架区,为发现和圈定大型含油气盆地作出了贡献(图 6-4)。

6.2.2 海洋磁力探测原理

海洋磁力测量是以海底下岩层具有不同的磁性并产生大小不同的磁场为前提,在海上进行磁场测定的。地磁场是指地球内部存在的天然磁性现象,类似一块磁铁,其中地磁 S 极位于地理北极附近,而地磁 N 极位于地理南极附近(图 6-4)。地球的磁场向太空伸出数万千米形成地球磁圈引力。人们根据磁异常场的特征及其分布规律,了解海底岩石磁性不均匀性,进而推断地壳结构和构造,洋底生成和演化历史,以及勘查大陆边缘地区的矿产分布。在大洋中,多采用宽间距的路线测量和小范围的面积测量,以查明条带状磁异常的展布方向和磁性海山①的磁场特征。

6.2.3 海洋地质九号科考船上的磁力仪

海洋地质九号科考船配备了两个型号的海洋磁力仪(图 6-5):SeaSPY2 海洋磁力仪和 G880 海洋磁力仪。SeaSPY2 海洋磁力仪是加拿大 Marine Magnetics

---

① 海山:又称作海底山脉,通常是指大洋深海中位于海面以下、高度大于 1000m 的隆起地形,而广义上的海山也包括海底中相对高度小于 1000m 的海底丘陵,通俗地说就是海底的大洋中的山脉。

公司生产的海洋质子旋进磁力仪;G880 海洋磁力仪是美国 GEOMETRICS 公司生产的铯光泵式海洋磁力仪。目前,这两种型号的海洋磁力仪广泛应用于各国海军及主要的海洋勘察机构和公司。

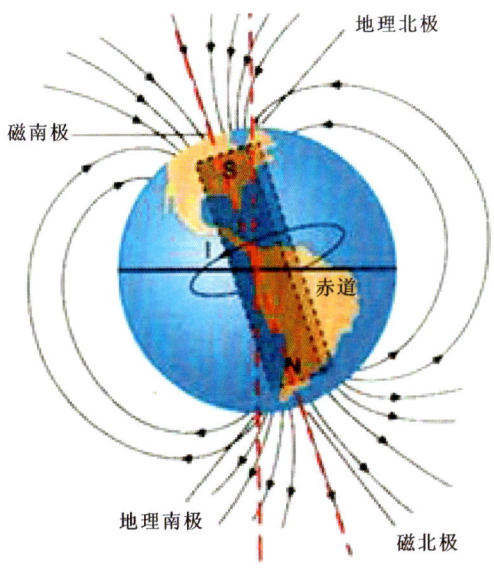

图 6-4　地磁场模型

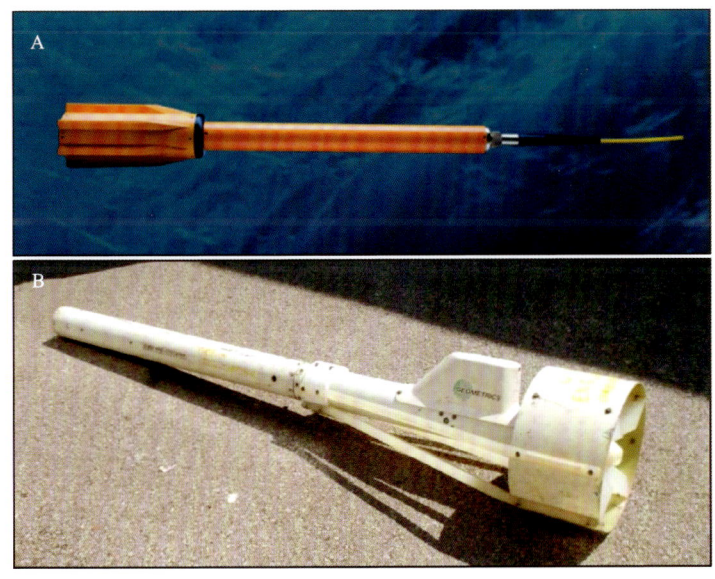

A. SeaSPY2 海洋磁力仪;B. G880 海洋磁力仪

图 6-5　海洋磁力仪

6.2.4 海洋磁力探测成果

海洋地质九号科考船已在西太平洋、印度洋，我国黄海、东海和南海开展了大量海洋磁力测量，积累了大量的高精度海洋磁力数据。军事上，这些数据可为船艇导航、船艇电磁防护、水下远程武器发射点选址和磁性目标探测提供基础资料。地学研究中，这些数据还有助于阐明区域地质特征，如断裂带展布、火山岩体的位置等。世界各大洋地区内的磁异常，都呈条带状分布于大洋中脊两侧，因此还可以利用磁力数据研究大洋盆地的形成和演化历史。磁力测量的成果，还可用于编制海底地质图，用于研究海底扩张和板块构造等。

7

大海捞针

人类对海洋沉积物与古海洋历史的认识,是伴随着航海技术和海底取样技术的发展而不断升华的。由于海水层的阻隔,人们往往不能直接观察海底沉积物及其结构和构造,从而极大限制了人们的视野和认识。而海底取样器就成为解决这个难题的有力武器。19世纪60年代英国海军的挑战者号考察船获得铁锰结核等海底实物样品,随后荷兰和德国进行了最早的取芯和对深海沉积物的研究。常规海底取样设备有柱状取样器、箱式取样器、拖网取样器等,20世纪中后期新型海底取样设备迅速发展,如多管取样器、电视抓斗、深海岩芯钻机等,它们成为研究海底沉积物的利器。

海底取样是通过调查设备直接获得真实海底实物样品,也是对地球物理调查等间接手段的实际验证。例如,浅剖调查可以快速高效地获得目标海域海底沉积物的大致厚度与分层,而海底取样可以查明沉积物类型及层厚,能为浅剖数据提供有效校正依据。根据获得沉积物的方式不同,海底取样设备大致可分为两大类,即表层取样器和柱状取样器。其工作原理主要是通过设备自身重力贯入沉积物,少数设备可通过其他外力手段(液压、锤击等)获得样品。沉积物样品在现场可进行初步定名描述及简要试验测试[如温度、pH(酸碱度)、Eh值(氧化还原电位)、密度、含水量、抗剪强度等],回到陆上实验室后可进行更加详细且精确的试验测试(如粒度、碎屑矿物、黏土矿物、常量和微量化学元素、稀土元素、同位素测年、微体古生物、环境磁性等),从而推断沉积物从哪里来、怎样搬运过来、什么时候来,以便我们分析沉积物沉积环境及地质演化。

7.1 表层沉积物取样

7.1.1 箱式取样器

箱式取样器由美国斯克里普斯海洋研究所于1962年研制成功,并通过多次改进后被广泛应用于海底表层沉积物样品和上覆水采集(张君元等,1984)。图7-1为美国伍兹霍尔海洋研究所使用的由KC Denmark公司生产的箱式取样器。

图 7-1　KC Denmark 公司生产的箱式取样器

虽然箱式取样器外形结构形式多样,但是其基本构成部件和取样原理基本都是一致的,左图为浅海调查区常用的箱式取样器;右图为海底底质较硬、深海或者调查区洋流流速较大时使用的箱式取样器,即通过箱式取样器自身重力及配重铅块自由落体插入海底采集沉积物样品。采样装置由管架、采样盒、配重铅块、闭合铲等组成。当取样器到达海底时,配重铅块的重力使采样筒插入海底沉积物中,封底铲刀切取底部沉积物入采样筒内(图 7-2)。

箱式取样器用于采取不受扰动的沉积样品及其上覆底层海水,由于其简便可靠,且能以较小干扰和样品污染采集沉积物,因此大多数海洋调查中均使用箱式取样器采集海底表层样品。箱式取样器按照取样面积可分为大型箱式取样器($0.25m^2$)、中型箱式取样器($0.1m^2$)、小型箱式取样器($0.05m^2$),由于具有体积小、易搬运、易装卸、易操作和取样效率高的特点,故箱式取样器广泛应用于海洋环境、海洋生物、地球化学等研究的采样工作,样品可用于沉积物结构构造分析和海底环境分析、同位素测年、沉积物与海水之间的地球化学交换以及锰结核的定量研究等(耿雪樵等,2009)。图 7-3 为青岛海洋地质研究所使用的箱式取样器,该取样器增加了外围框架和配重,避免调查区海流流速较大时取样器触底倾斜角度过大致使取样器封底铲刀无法闭合,以及在下放过程中取样器旋转致使绞车钢丝绳损坏而威胁取样设备安全。

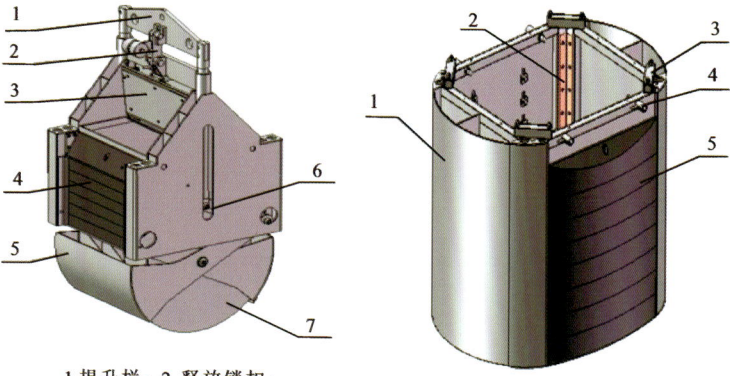

1. 提升栏；2. 释放锁扣；
3. 对称密封双向盖；
4. 压载铅块；5. 封底铲刀；
6. 连杆；7. 取样箱体

1. 流线形导流配重器；
2. 导向滑板；3. 提箱挡管；
4. 索栓；5. 弧形压载铅块

图 7-2　箱式取样器结构图

图 7-3　箱式取样器实物图

箱式取样器可以获得较少扰动的海底沉积物样品(图 7-4～图 7-11)，可以更加准确地反映海底沉积物的历史信息，有助于我们更加详细地重建某海域地质演化历史。

7.1.2　多管取样器

多管取样器是海洋地质调查中常用的设备，常用于海底生物环境调查。多管取样器可以获取未扰动的表层沉积物和底层海水，是了解海底沉积物原貌以及底层海水性质的重要手段(王俊珠等，2013)。

图 7-4　箱式取样器(近海)(左)和砂质粉砂样品(右)

图 7-5　近海粉砂质黏土(左)和贝壳碎屑混砂样品(右)

图 7-6　箱式取样器(远海)(左)、海盆锰结核和深海黏土样品(右)

图 7-7　箱式取样器(远海)(左)、深海黏土样品(右)

20世纪90年代以后,英国、德国相继研制了多管取样器。它的取样方式和人们对原状沉积物大块土样插管取样是完全相同的。德国Oktopus Multiple Corer视频多管采泥器有30多年的稳定使用经验,全世界现有200多套Oktopus Multiple Corer视频多管采泥器在使用中(图7-8)。

图7-8　Oktopus Multiple Corer视频多管采泥器

多管取样器一般分为四部分:取样器座底支架、沉积物采集头、配重以及行程缓冲机构(图7-9)。它具有采集样品量大、原始性保持好、质量高、采样稳定性强和同时获取沉积物上覆水等优点,是目前世界上最好的获取表层沉积样品和短柱样品的设备。多管取样器采用了缓冲静压原理的活塞,使得采样管取样时能较缓慢匀速插入沉积物,保证了原状样不被扰动。采样后先封上盖,由于真空吸附原理,在提升过程中以尽可能小的行程封住下盖,保证沉积物样品不被破坏,上覆水大于500mL,且不被交换(耿雪樵等,2009)。

多管取样器可以一次性采集多个样品,包括未受扰动的沉积物原状样及未被交换的沉积物上覆海水,能充分满足海洋工程地质、生物、化学、土工及生态变化等项目的研究需求。

图 7-9 多管取样器

7.1.3 拖网取样器

拖网取样器用于采集海底基岩、粒径较大沉积物(砾石、粗碎屑),例如破碎的海底烟囱、海底结核、岩块、贝壳以及生物等样品(图 7-10)。

拖网取样器根据外形可分为底栖拖网、采样筒和采样盒三种类型,主要由拖曳缆绳、保护缆绳、采样铁框架和网篮等构成。底栖拖网,主要用于砾和底栖生物的采集;采样筒或采样盒,用于砾、砂等碎屑物质的采集。部分拖网取样器装有锯齿状铁质刮铲,以便在采样时能将沉积物刮入采样器中。采样时用绞车把采样器沉放到海底,并靠船舶的航行沿着海底拖曳采样。

拖网取样器根据取样功能又可分为结壳拖网(又称岩石采样器)和结核及表层生物拖网,其基本结构由拖体、网具及保护缆绳组成。拖网没有统一的尺寸,可根据实际需要定制拖体与网具的尺寸及网眼的大小。拖网作业需要调查船低速走航拖行,由于海底地形地貌不可视,拖网取样作业过程中后甲板一般禁止非工作人员进入,并尽可能减少后甲板操作人员数量,防止拖网在海山区被海底不明物体卡住,造成危险。我国具备在水深达 4000~6000m 的海底进行岩石、矿石采样的能力,在太平洋海域采集到大量铁锰结核、多金属结壳样品(耿雪樵等,2009)。图 7-11 为青岛海洋地质研究所使用的结壳拖网。

近两年来,青岛海洋地质研究所在西太平洋海域进行地质调查时,利用岩石拖网在该海域海脊和海盆多处获得多金属锰结核样品(图 7-11)。

图 7-10 拖网取样器

图 7-11 青岛海洋地质研究所使用的拖网取样器(左)和多金属锰结核样品(右)

7.1.4 电视抓斗

电视抓斗(television grab, TVG),即可视的抓斗,利用它的显示屏幕,科考人员在科考船上可以像看电视一样观察数千米深海底的实际场景,寻找感兴趣的实物样品,抓取并提升到考察船甲板上进行研究。

世界大洋的洋底有多种可供人类使用的矿产,例如铁锰结核、富钴锰结壳、热液块状硫化物、深海稀土等,随着陆地上各种矿产资源的储量越来越少,人们把获取资源的目光瞄向了深海洋底,这就需要对深海洋底进行大量的科学考察。我国从 20 世纪 80 年代中期开始对深海铁锰结核这种大洋矿产资源进行调查和勘查,从 20 世纪 90 年代中后期开始在西太平洋麦哲伦海山区对富钴锰结壳进行勘查,2003 年,中国科学家尝试在东太平洋海隆对热液块状硫化物进行勘查。2005 年,我国功勋大洋科考船"大洋一号"执行了我国大洋科考史上首次环球科学考察,取得了丰硕的调查成果。近年青岛海洋地质研究所在西太平洋海洋调查,利用电视抓斗获得了一块重达 850kg 的碳酸盐岩样品,还有许多铁锰多金属结核和结壳样品(图 7-12、图 7-13)。

图 7-12　西太平洋碳酸盐岩样品

　　深海可移动电视抓斗主要由两部分组成,上部分是一个箱体,里面有电池箱和液压系统、角度传感器以及水下控制箱(指令控制系统的水下单元),水下控制箱相当于电视抓斗的"大脑",负责接收科考船上科学家的指令,并指挥斗体进行样品抓取动作;下部分是一个可以绞合的双瓣斗体,类似于蛤蜊的两瓣壳,成功抓取满意的样品后,双瓣斗体绞合,并把科学家的"宝贝"带回到科考船的甲板上。电视抓斗的"眼睛",即水下摄像头以及水下照明灯,它安装在双瓣斗体内与上部分的连接处,此处也安装有一个高度计,用于测量电视抓斗距离海底的高度。深海可移动电视抓斗在上部分的外部安装有两个螺旋桨,用于在洋底为抓斗提供一定的动力,便于船上的科学家在海底一定范围内寻找他们心仪的"宝贝",从而有

图7-13 西太平洋多金属结核样品

效提高取样效率。

深海可移动电视抓斗控制系统分为甲板单元和水下单元,甲板单元是科学家在实验室通过工控机和显示屏对电视抓斗在水下寻宝过程、取样过程以及是否成功获取样品进行监控和发出动作指令的部分。进行取样作业时,科考船首先航行到预定位置,电视抓斗在甲板上经过下水前检查,显示状态一切正常,即可下放到距海底5m左右(此时视域最佳),科学家开始寻宝并成功获取样品,将电视抓斗收回甲板,进行样品拍照、班报描述、分装、保存,一个站位的电视抓斗采样工作就大功告成了。

2020年底,由青岛海洋地质研究所联合杭州瀚陆海洋科技有限公司研制的电视抓斗在南海神狐海域完成功能性海试后,于2021年在西太平洋地质调查项目中完成实际应用。青岛海洋地质研究所利用该设备在西太平洋海区发现密集海山铁锰结核区,并首次获得大量灰黄色有孔虫砂和大直径(最大直径超过6cm)铁锰结核样品(图7-14~图7-27)。

图 7-14 青岛海洋地质研究所联合研制的可移动深海电视抓斗

图 7-15 电视抓斗——张开状态

图 7-16 电视抓斗——准备入水

图 7-17 电视抓斗——室内操作

图 7-18 电视抓斗——海底观察

图 7-19 电视抓斗——获得样品后出水

图 7-20　电视抓斗——返回到甲板

图 7-21　灰黑色黏土样品（有生物活动痕迹）

图 7-22　电视抓斗——富钴结壳样品

图 7-23　板状富钴结壳明显分 3 个生长层(基岩为弱固结钙质沉积)

图 7-24 有孔虫砂、黑色的铁锰结核

图 7-25 外表裹有孔虫砂的黑色锰结核

图 7-26　清洗掉孔虫砂后的黑色铁锰结核

图 7-27　抓取样品意外获得海洋生物——海绵

7.1.5 深海可移动平台

随着我国海洋调查的日益深入,对调查设备也提出了更高的要求。海底可视化调查设备如海底摄像、电视抓斗、无人遥控潜水器等已成为海洋调查的主要探查设备。为满足我国海洋战略发展中海洋调查多种任务需求,一种能带重载、可控移动的测量取样平台设备——深海可移动平台,由青岛海洋地质研究所联合杭州瀚陆研制成功(图 7-28、图 7-29)。它能够搭载多种大型取样设备和不同用途的海底长期观测站,并能对特定目标或站点进行采样和实时观测,在海洋地质调查研究及维护我国海洋权益和国防安全中具有非常广泛且重要的应用前景。

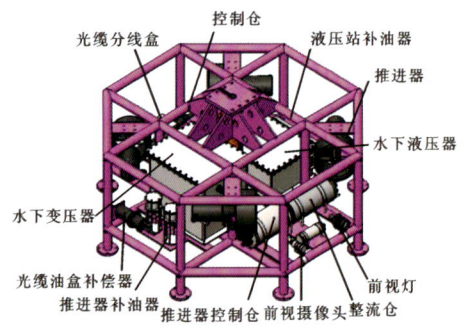 

图 7-28　深海可移动平台主体结构图　　图 7-29　深海可移动平台主体实物图

深海可移动平台具备可视功能,配置灵活的平台移动操控手柄和人机操作系统。可控移动平台和调查设备配合使用能完成多种海洋调查任务,能完成对各类深海海底长期观测站/节点或 OBS 等设备的精准布放;通过可控移动平台中搭载的各类探测传感器,可满足特定区域的热液硫化物、天然气水化合物等矿产资源的调查;平台还能够搭载多管、箱式或者重力柱状等取样器,实现海底定点沉积物取样,搭载深海钻机后可获取海底表层碳酸盐岩或者玄武岩等岩石样品(图 7-30、图 7-31)。

1. 设备介绍

深海可移动平台是一款可搭载不同海洋调查设备,从而实现海底浅钻、海底设备布放及海底可视化定点观测和取样等多种调查手段的重装海底作业平台。平台本体为 2m×2m×1.5m,搭载设备后为 2m×2m×3m,平台自重约 1000kg,

最大载重约 1000kg，最大工作水深可达 6000m，作业时海况不大于 4 级；采用光电复合缆提供动力电源和光纤通信控制，海底活动距离不小于 20m。平台配备有水下高度计，可以在设备距离近海底 100m 内获得精确离底距离，还有感知设备姿态、离底高度、运动方向、运动速度并记录海底影像的设备，以确保调查设备工作安全；平台还集成搭载取样单元，例如箱式取样器、多管取样器、表层岩芯钻机等。

图 7-30　深海可移动平台搭载海底浅钻

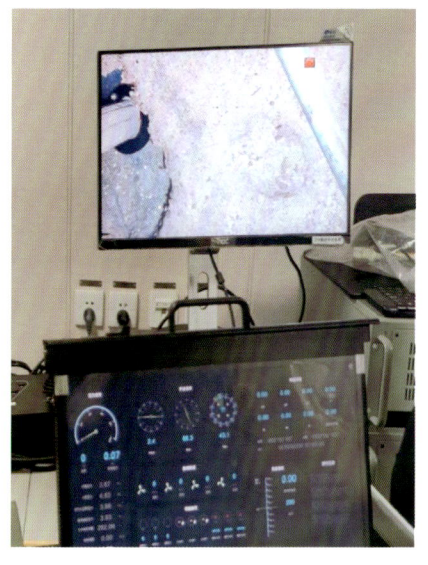
图 7-31　深海可移动平台甲板控制单元

2. 工作原理

深海可移动平台通过船载光电复合缆，经过高压电柜向水下设备（包括水下摄像机、水下照明灯、水下电机驱动液压马达实现搭载设备正常运行等）提供电力能源，通过光纤实现甲板单元与海底设备之间通信联系，依靠 4 个水下推进器提供移动能力，通过在设备顶端固定超短基线信标可以获取水下设备距离母船的实时位置信息。

通过搭载海底浅钻可以在岩石海底获取岩芯样品，搭载箱式、多管、柱状取样器获得海底表层沉积物样品；配合水下定位信标可实现不同原位观测设备经济高效的精准布放；在海底热液区或者冷泉区可根据研究需要搭载各种探测传感器实时快速获取海底多种物理化学参数，满足多学科基础数据资料采集需求。

3. 应用实例

自 2020 年以来,深海可移动平台分别在我国南海和西太平洋进行了海试及实际应用。

1)海试应用

2020 年 11 月 14—23 日,青岛海洋地质研究所在南海利用深海可移动平台进行了水深 30m、300m、3500m3 个站位的地质取样测试。本次海试作业调查船海洋地质九号,利用光电复合缆对深海可移动平台搭载不同水下设备进行多次海试。综合测试了在线通信控制、可视化、水下目标寻找等多种作业模式,同时结合超短基线系统实现沉积物定点精准采样。

本次海试取样站位水深 30~3500m,完成地质取样 4 站位,其中搭载海底钻机 2 次(由于底质为松散沉积物,未获得钻进岩芯样品)、搭载箱式取样器 1 次、搭载多管取样器 1 次,并获得有效样品。

2020 年 11 月 22 日,青岛海洋地质研究所对搭载钻机的移动平台进行 300m 深水试验,此次试验着重对移动平台的视频传输功能进行了测试,试验中视频清晰稳定,对底质进行了详细的观察。钻机功能正常,由于底质是松散沉积物,未取得有效样品。向南偏离上述站位约 1km 后,深海可移动平台搭载箱式取样器进行测试,甲板测试箱式取样器工作正常,由于底质较硬且局部有岩块,仅获得一块比手掌稍大的似碳酸盐岩岩石样品(图 7-32、图 7-33)。

图 7-32 深海可移动平台搭载箱式取样器　　图 7-33 搭载箱式取样器获得的样品

2020年11月23日对搭载多管取样器的移动平台进行约300m水深试验，使用过程中视频清晰稳定，甲板单元仪表数据正常显示，多管取样器水下取样功能正常。作业时海况较差，丢失3个采集头下密封盖，此次实验获得5个有效样品。

2）实际应用

2021年6月18日，搭载深海浅钻的深海可移动平台在西北太平洋九州—帕劳海脊约2312m水深海域，进行了约3h海底基岩钻探作业，最终获得长约28cm的锰结壳和火山角砾岩岩芯样品（图7-34、图7-35）。

图7-34 深海可移动平台搭载多管取样器　　图7-35 搭载多管取样器获得的样品

船舶到达指定站位后开启动力定位系统，搭载着深海钻机的深海可移动平台随即下水，设备在距离海底约5m时停止下放，通过水下摄像机实时观察海底底质情况，开启深海可移动平台水下推进器寻找基岩海底，找到目标位置后释放缆绳使得深海可移动平台坐稳在基岩海底，水下设备参数显示一切正常，随后开始钻探作业。钻进过程中需要密切注意甲板单元仪表数值变化，确保设备安全，直至钻进一定深度并判断获得岩芯后，开始回收缆绳，将设备回收至甲板（图7-36～图7-41）。

探秘深海——"海洋地质九号"探测技术

图 7-36　深海可移动平台——入水

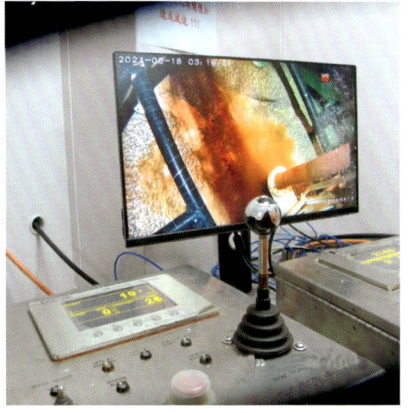

图 7-37　深海可移动平台——坐底钻进

图 7-38　深海可移动平台——室内作业　图 7-39　深海可移动平台——返回甲板

图 7-40　深海可移动平台——开管取芯　图 7-41　深海可移动平台——获得岩芯

通过南海海试和西太平洋实际应用,对深海可移动平台功能进行了详实全面的检验,验证了深海可移动平台在水下作业的稳定性和可靠性。在海试过程中设备也出现了一些故障,但这些缺陷都可以通过针对性解决方案完善。深海可移动平台具备如下优点:不需要复杂精密的甲板单元进行辅助工作,具有较高的性价比来完成深水钻探工作;具有丰富的功能来实现地质调查,通过搭载不同设备进行多种作业;具有较强的灵活性和扩展功能,可在水下小范围移动选取感兴趣底质进行取样工作,并通过预留接口搭载多种原位探测设备同时作业,提高设备使用效率。

7.2 柱状沉积物取样

7.2.1 重力活塞取样器

1. 设备简介

箱式取样器和拖网可以获取海底表层的沉积物,从而了解海底表面的沉积物赋存特征和现代海底环境信息,而如果想要获取海底表层以下松散沉积物垂向一定长度的沉积物样品,就需要使用柱状取样器。重力活塞取样器就是一种从海底向下获取一定长度沉积物的重要调查设备。通过对沉积物柱状样品的分析和研究,可以了解海底沉积物的演化历史、沉积规律以及各种因素在海底垂直方向的分布和变化。

2. 工作原理

重力取样器主要依靠取样器自身重力及自由落体产生的动力贯入沉积物中采集样品。重力活塞取样器主要由配重铅块、取样管、释放器系统(夹缆释放器、重锤、触发绳)和活塞系统等组成。其中,夹缆释放器、重锤、触发绳是触发和释放取样器在水中自由落体的机关(图7-43~图7-45)。相较于传统的重力取样器,重力活塞取样器采用了活塞装置,增加了取样管内的真空程度,对样品有抽吸作用,因此极大地减少了样品在管内的磨阻损失,使重力所产生的动能得到较大的利用,增加了贯入深度,可以获取更长的沉积物样品。

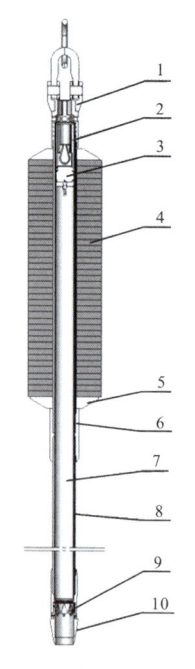

1.提头；2.提管；3.活塞；4.铅块；5.托环；6.连接管；7.衬管；8.样管；9.花瓣；10.刀头

图 7-43 重力取样器设备示意图

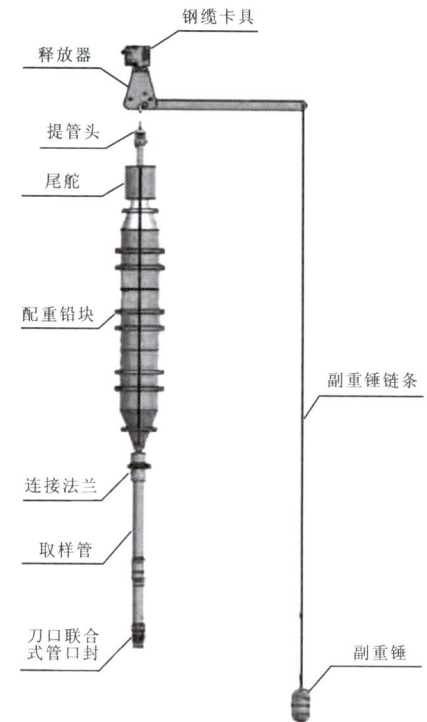

图 7-44 重力活塞取样器设备示意图

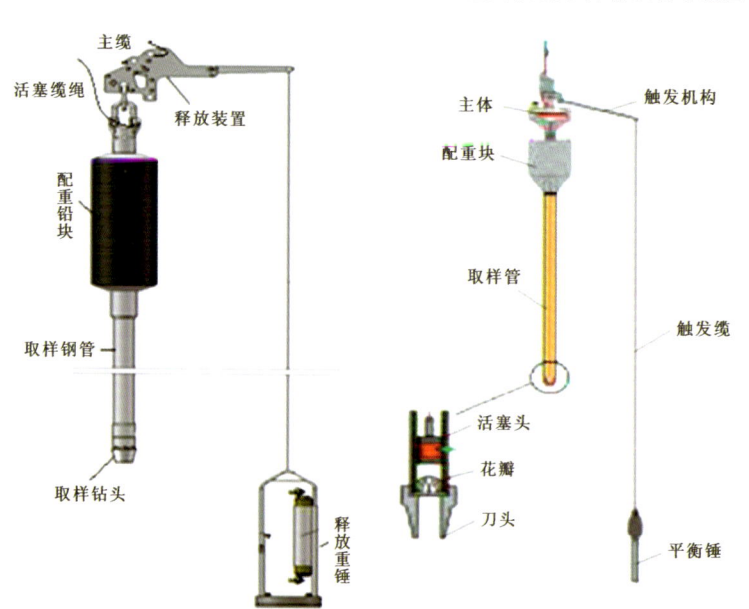

图 7-45 重力取样器各部件组合示意图

在茫茫大海上使用重力活塞取样器开展取样作业时,海上的气象状况和船舶的移动速度是决定获取样品能否成功的重要因素。在浪高不超过 2m、调查船稳定在适宜的工作状态(船舶运动速度不大于 0.5 节)时,将组装好的重力活塞取样器用绞车下放到几千米水深,下放过程中保持匀速,在距离海底 100m 高度时,可将取样器进行悬停,待其稳定后再以 50m/s 的速度快速下放,释放器系统与海底接触后,释放器系统打开,从而使取样管在铅块重力作用下快速坠落压入海底。取样管进入海底后,内部的活塞开始移动,直到停止在沉积物表层,活塞使沉积物顶部产生压力差,使得软质沉积物顺利进入取样管而不会破裂(图 7-46)。

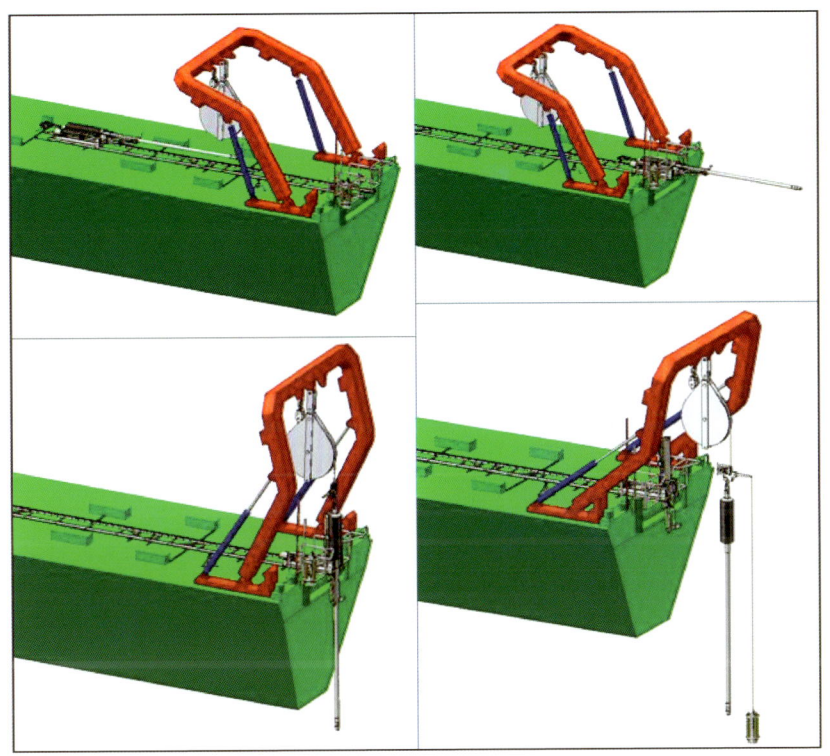

图 7-46　深水重力活塞取样流程

3. 实际应用

实际作业过程中通常会根据不同水深以及底质情况而决定是否使用活塞装置,因为采用活塞装置会增加取样系统复杂性且费时费事,因此一般会结合调查项目具体要求和取样工作效率作出选择。

按照上述作业流程完成取样作业后,现场进行定名描述并按相应规范要求完成样品记录,最后将装有沉积物样品的 PVC 或者亚克力衬管用堵头封住两端并用胶带密封。对样品进行长度测量,并在衬管表面用油性记号笔标明站位编号、样品长度、取样日期、样品顶底,然后放入样品舱,按照项目要求保存。例如需要进行生物 DNA 测试的样品需要保存在 $-80℃$ 以下,微生物样品需要在 $0℃$ 以下保存,油气烃类测试样品需要避免各种油类污染,等等(图 4-47,图 7-48)。

图 7-47　深水重力活塞取样实际作业

图 7-48　深水重力活塞取样获得样品(左)和取样活塞(右)

科学家通过对重力活塞取样器获取的柱状沉积物进行一系列测试分析和科学研究,可以了解海洋环流、古气候变化、地质历史演化等一系列科学信息。科学家将这些柱状沉积物称为"时间胶囊",里面包含的环境变化信息可能跨越了数百万年,可以有效地帮助我们了解过去的气候变化,进而预测未来气候变化趋势。

7.2.2 深水可视化长柱状取样系统

1873—1876年,英国"挑战者"号调查船在大西洋、太平洋、印度洋进行了环球科考,开启了人类系统性调查研究海洋沉积物的新篇章,随后美国、德国、俄国、荷兰等国家,相继进行了多目的、多手段的海洋调查研究。20世纪中后期,随着多本海洋地质学专著的出版、国际合作的加强,人类对海洋沉积物的研究取得了突飞猛进的进展。同时,对海洋沉积物样品也提出了更高的要求,特别是希望获得更长的柱状样沉积物样品,以便了解更宽时间尺度内地质环境演化历史。

最早人们采用不带活塞的重力取样器获取深海沉积物样品,由于其获得的样品长度有限且会对所得沉积物样品产生较强的扰动,从而影响沉积物样品质量和取芯率。

后来Kullenberg提出了重力活塞取样器的设计原理,克服了重力取样器的普遍性短板,使其成为世界海洋地质调查中使用最多的深海沉积物柱状取样设备。

随着深海调查技术的不断发展,可视化调查设备在海洋地质调查中应用越来越广泛。与常规地质取样设备相比,可视化取样设备通过光电缆或同轴缆实现设备布放,并且可实时获得取样设备在水下的状态信息及影像资料,从而提高设备取样成功率,还能通过往复式气动夯击技术提高沉积物样品长度。

可视化可控夯击长柱状取样系统(简称"可视化取样系统")是根据海洋地质调查发展趋势需要,也是根据海洋地质九号科考船条件研制的一套深海可视化可控地质取样系统。

1. 设备介绍

可视化取样系统是青岛海洋地质研究所根据海洋地质九号科考船研制的一套用于深海作业的可视化长柱状取样设备,通过光电复合缆提供电源和光纤通信控制,理论上可以在水深3500m内取得样品直径(内径)为10cm,长度可达20m的沉积物。样品具有姿态和方位信息,往复式气动夯击技术、立式收放技术,可搭载多类水下传感器,具有光纤和声学通信控制单元,能实现柱状沉积物定点采样、沉积物多层温度探测、打桩、布设小型海底空间站等功能。

2. 工作原理

取样器本体中"本体"是指系统顶部粗大圈挡体。常规重力取样器主要是靠取样器本体重力产生的动能贯入沉积物采集样品，一般在水深较浅的浅海区、底质类型为淤泥质黏土或较软的砂质黏土区域使用。

重力活塞取样器主要用于获取轻扰动长柱状沉积物样品，其工作原理与常规重力取样器基本一致。主要区别在于重力活塞取样器是利用释放器装置使得取样器本体通过自由落体一定距离获得动能贯入沉积物，并且利用活塞的抽吸作用，减少沉积物与取样衬管内壁侧摩阻力。在相同底质条件下重力活塞取样器获得的样品长度会优于常规重力取样器。

可视化取样系统工作基本原理与重力活塞取样器类似。但是前者通过安装高清摄像头、高度计、姿态仪等设备，可以观察到设备下放过程中实时影像、设备姿态信息（横摇、纵摇、方位角）及高精度离底高度，从而能顺利高效获得样品。通过甲板单元控制液压释放系统，可以避免在海底非正常状态下释放设备，从而提高取样成功率。取样器体内还安装有一台往复式气动夯击设备，可以通过夯锤自身重力和舱内压缩空气反力的双重作用，将已经自由落体贯入沉积物的取样设备更多地插入底质，以便获取更长的柱状样品（图7-48、图7-49）。

图7-48 可视化取样系统——绑扎通信缆　　图7-49 可视化取样系统——立式接管

3. 应用实例

可视化取样系统自 2020 年 12 月交付以来,分别在南海和西太平洋进行了海试及实际应用。

1) 海试应用

2021 年 3 月 18—24 日,在南海利用本套可视化取样系统进行了 5 个站位的取样测试。本次海试作业利用海洋地质九号科考船配备的光电复合缆采用立式收放方式进行,综合测试了在线通信控制、可视化、重力释放加往复式气动夯击的作业模式,同时采用超短基线定位系统实现了沉积物定点精准采样。

本次海试取样站位水深 23~2100m,取得样品长度 5.57~17.83m,其中在水深 1700m 海域取得最长样品为 15.83m,为本海区有记录取样最长样品(图 7-50)。

图 7-50 可视化取样器南海海试

沉积物柱状样品采集结束后,科研人员对样品进行了现场观察、描述,随后对样品进行了封装,以便用于后续研究。此次海试所获沉积物样品以软泥、粉砂质软泥等细粒沉积物为主,而且样品连续、完整,基本无扰动,符合各项科学研究的要求。

2) 实际应用

2021 年 6 月 17 日,在西太平洋海域九州-帕劳海脊水深约 2960m 处,实际应用可视化取样系统进行了 2 次地质取样(图 7-51)。第一次取样加装 3 根取样管(最大有效取样长度 12m),未进行活塞释放且低频夯击 3 次,取得柱状样品 9.88m,获得顶部-底部底质以黄白色、稍密-中密、分选磨圆良好的无黏性有孔虫砂为主;第二次取样利用船舶动力定位系统向 90°方向移动 100m 后,加装 4 根取样管,进行活塞释放且低频夯击 5 次,取得柱状样品 15.58m,获得顶部-底部底质以黄白色、可塑-偏硬塑、强黏性无气味有孔虫砂为主(图7-52)。

沉积物柱状样品采集结束后,对样品进行现场拍照、观察记录、描述后,封装标识并保存在低温样品库,以便用于后续科学研究。

图 7-51　可视化取样器在西太平洋取样　　图 7-52　西太平洋获得柱状样品——钙质软泥

海底取样所获柱状样品长度主要受沉积物底质类型、柱状取样方式(是否采用活塞释放、是否采用夯击)、所加装取样管长度等因素影响。其中沉积物底质类型对柱状样品长度影响最为显著,黏土质底质沉积物比砂质、粉砂质沉积物更容易获得长柱状样品,可塑的黏土质沉积物底质较硬塑底质更容易获得长柱状样品。在海底沉积物底质类型一定的情况下,利用各种取样设备进入沉积物所能获得的柱状样品长度范围基本确定,开拓3500型系统可控夯击功能在软塑底质状态下可以增加数米柱状样品长度,这在南海海试过程中已经得到验证。在底质较硬的情况下,取样管底部钻头处易形成"管桩效应",使得取样管继续向下贯入变得十分困难,如果长时间使用夯击强行贯入则有可能损坏取样本体或者造成设备拔出力大于钢缆极限破断力。

因此,在某海域首次使用开拓3500型系统取样之前,通过浅剖设备获得该处有足够的沉积物厚度后,还需要再用常规柱状取样设备获得该处沉积物样品,以便了解该处沉积物底质类型,再结合相关经验确定加装可视化取样管长度,从而保证在取样设备安全的情况下获得长柱状样品。

7.2.3 海底多参数原位探针及布放系统

1. 海底多参数原位探针及布放系统介绍

海底多参数原位探针及布放系统是一套海底沉积物多参数实时采集系统,具有多参数环境指标采集监测和沉积物短柱状采集功能,适用于3000m水深以内工作。该设备配有液压贯入系统和静力触探探头,能够实现深海静力触探、沉积物原状样采集、海底摄影等功能,兼具深海沉积物综合探针的布放功能(图7-53)。

图 7-53 海底多参数原位探针及布放系统

2. 工作原理

海底多参数原位探针及布放系统由液压动力单元、多参数原位探针、海底摄像系统、柱状取样管等组成(图7-54)。母船通过光电复合缆实现设备电力供应和数据通信控制。液压静力贯入海床装置可实现海底浅表层沉积物的静力触探、柱状采样工作。电阻率传感器、温度梯度传感器、多参数地球化学传感器集成综合探针,实现海底浅表层沉积物多参数的综合探测与取样。

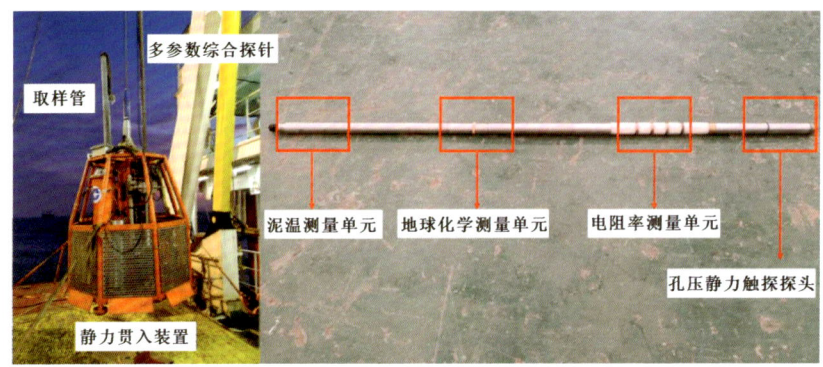

图 7-54　海底多参数原位探针及布放系统主要组成及传感器分布

3. 实际应用

2021 年 4 月 4 日,海底多参数原位探针及布放系统在南海神狐海域附近开展海上试验,成功获取海底浅表层 3.66m 范围内沉积物锥尖阻力、侧摩阻力、孔隙水压力、电阻率、pH 值、Eh 值、二氧化碳浓度、硫化氢浓度、沉积物温度的相关数据,并进行了 1 次静力取样(图 7-55、图 7-56)。

图 7-56　海底多参数原位探针及布放系统下水作业及完成后回收

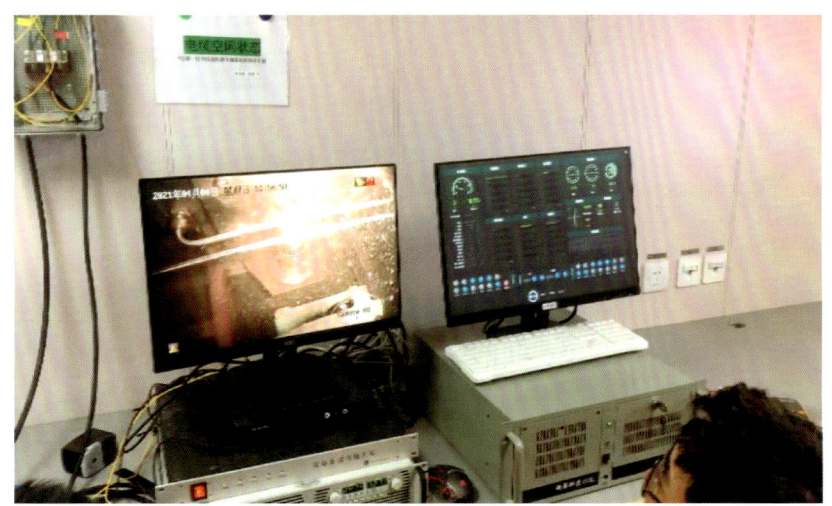

图 7-55　海底多参数原位探针及布放系统下水作业时的室内仪器操作

通过海试验证了海底多参数原位探针及布放系统,采集相关环境参数及原状采样功能,探测数据达到预期目标,形成了船载可控、数据同传,集深海沉积物原位理化性质测试、沉积物取样采集、海底摄像等功能于一体的探测平台,达到了国内顶尖水平。

8

走向深海

习近平总书记强调,要进一步关心海洋、认识海洋、经略海洋,推动我国海洋强国建设不断取得新成就,"深海进入""深海探测""深海开发"就是中国深海战略的"三部曲"。

人类对海洋的认识在加速,但对其依然知之甚少,特别是对深海的探索还处在"盲人摸象"的阶段。走向深海,装备先行,随着深海探测技术的发展,人类深入认识深海的时代正在来临。500年前,达·芬奇设计的潜水服、150年前凡尔纳创作的《海底两万里》也逐渐从幻想走向现实,深受孩子们喜欢的动画片《海底小纵队》也演绎出如今我们探测深海的科学方法。为了更好地探测深海,海洋地质九号科考船配备了一批深海探测利器,水下机器人(ROV、ARV)、声学深拖系统、海底原位观测系统、深海可移动平台以及无人船系统,这些设备的大部分是青岛海洋地质研究所自主研发的深海探测"黑科技",这些"黑科技"的使用加速了我们走向深海的步伐。

8.1 无人船系统

8.1.1 什么是无人船?

无人船系统是无人水面航行器(unmaned surface vehicle,USV)的简称。广义的无人船系统是指一种可执行某类指定任务,并基于任务目的进行功能、性能设计的水面机器人;狭义的无人船系统则是指具有一定机动能力的水面自主、半自主、遥控搭载体。

在军事领域,无人船主要用于替代人执行艰苦且高风险的军事任务,如扫雷、水面及水下警戒、小范围战术支持等;在民用领域,无人船主要应用于海洋调查等方面,通过搭载声学探测设备,执行水深地形测量、海底地貌扫测、物理海洋观测等任务,无人船凭借自主导航、定位精度高、跑线精确、可抵达危险区域、人员无需涉险、吃水浅、潮位窗口宽等技术优势,可有效满足我国海洋地质调查的迫切需求,并能解决传统调查难以克服的多方面困难,逐渐在海洋地质调查中崭露头角。

无人船艇的雏形最早出现于 19 世纪末,当时著名的塞尔维亚裔美籍科学家尼古拉·特斯拉发明了一个名为"无线机器人"的遥控艇(张树凯等,2015)。无人船最先是在军事领域得到应用,最初的用途是扫除海岸带附近的水雷和障碍物,船艇的外形像鱼雷。在诺曼底登陆战役期间,为减少人员伤亡,达到战略欺骗和作战掩护的目的,盟军曾设计出一种可按预定航向自动驶往目的海域的无人艇。这些早期的无人船艇自主活动能力非常有限,受电缆长度或母船发送的无线电导航信号的有效范围控制。

　　进入 21 世纪后,无人船艇技术迎来了高速发展期,无人船艇发展的诸多技术瓶颈都在一定程度上破除,无人船艇变得更智能、动力更稳定、远程操控更可靠。现在,在军事和民用领域,不同功能的无人船艇犹如雨后春笋般涌现出来,一些产品还在不断地迭代更新,较好地满足了军事和民用的需要(图 8-1)。

云洲"瞭望者Ⅱ"

ASV C-Enduro

Oceansicene Z-Boat

图 8-1　各种无人船系统

　　军用无人船艇研究方面,美国、以色列、欧洲、日本等国家和地区走在前列,开发出多种军用无人船艇,包括反潜无人艇、反雷无人艇、侦察无人艇、攻击无人艇、以及特种作战无人艇。美国在美伊战争①中开发出用于海上巡逻的"SPARTAN"无人船艇;2008 年,以色列海军将艾尔比特系统公司研发的"银枪鱼"无人水面艇引入水面作战系统;2009 年,法国为提升反水雷作战能力,开展"旗鱼"无人船艇研制项目;日本雅马哈公司开发了"UMV-H"军用高速无人船艇。这些无人船艇具有高速度、机动性好、隐蔽性强的特点,可以用于侦查、水下通信中继的辅助工具,也可以搭载武器使用。

　　在国内,无人船艇最先应用于海洋调查。2008 年,沈阳航天新光集团有限公司研发了一艘高速无人艇"天象一号",旨在为奥帆赛提供气象保障(风速、风向、

---

①　美伊战争一般指伊拉克战争,是以英美军队为主的联合部队在 2003 年 3 月 20 日对伊拉克发动的军事行动,美国以伊拉克藏有大规模杀伤性武器并暗中支持恐怖分子为由,绕开联合国安理会,单方面对伊拉克实施军事打击。因为是海湾战争的延续,又称为第二次海湾战争。

气温、湿度、水温测量），在青岛海域开展了相关海试；2018 年，在珠海航展上由珠海云洲智能科技有限公司联合西安现代控制技术研究所、华中光电技术研究所共同研制的"瞭望者Ⅱ"首次公开亮相，不仅可以用于警戒巡逻，还可用于目标精确打击，是我国第一艘侦查打击一体导弹无人艇；在 2018 年的中央电视台春节联欢晚会中，无人艇、无人车、无人机组成的"海陆空"进行展演，珠江口海面上 80 艘小型无人艇，如离弦之箭般穿越港珠澳大桥，这是全球首次无人艇协同编队。与国外相比，国内无人船艇行业在民用领域的技术发展和应用均达到了较高水平。

近年来，无人船艇在海洋地质调查中的应用和研发也取得了重大突破，不少产品被开发出来，并日趋完善。无人船艇技术的一次次创新与发展，均伴随着海洋地质调查新型技术方法和作业手段的创新与发展。

8.1.2 无人船艇在海洋地质调查中的应用

近年来，随着科学技术的发展，海洋调查的作业手段更加丰富，仪器设备更加精确智能，但是在海岸带、岛礁以及一些特殊、危险的海域，常规的调查船因吃水较深、机动性较差以及要保障船员和调查人员生命财产安全，一般难以开展海洋调查工作，或者采集到的数据质量较差。

无人船艇作为一种新型调查平台，由于吃水浅、机动性好、智能化，已经成功应用于海岸带调查、岛礁调查以及一些特殊海域小范围测绘和海洋应急测绘等方面。

上海华测公司生产的华徽系列无人船艇最大的优点是船体小、重量轻、小巧灵活，可以搭载多种设备，非常适合养殖区密集、地形复杂的海岸带和航道调查（图 8-2）。

上海大学研发的精海系列无人船艇，有自主、遥控 2 种操作模式，船体吃水浅，抗浪能力强，可以自主避碰水面障碍物，主要用于岛礁和近海浅等，水域测量母船不能到达海域的水下地形、地貌探测。"精海 3 号"智能无人船艇携带了多波束测深系统、侧扫声呐、浅地层剖面仪、单波束测深仪、ADCP、CTD、水下摄像机等调查设备。广州海洋地质调查局与上海大学合作，利用无人船艇在三亚湾东瑁洲岛的东部和北部复杂浅水区，进行了 60 多条测线调查，获得大量地质调查数据和影像资料，调查效率显著提升。

珠海云洲智能科技有限公司和国家海洋局南海调查技术中心联合研制的海洋智能无人艇 M80B，跟随雪龙号参与我国第 34 次南极科考，并使用无人艇贴近

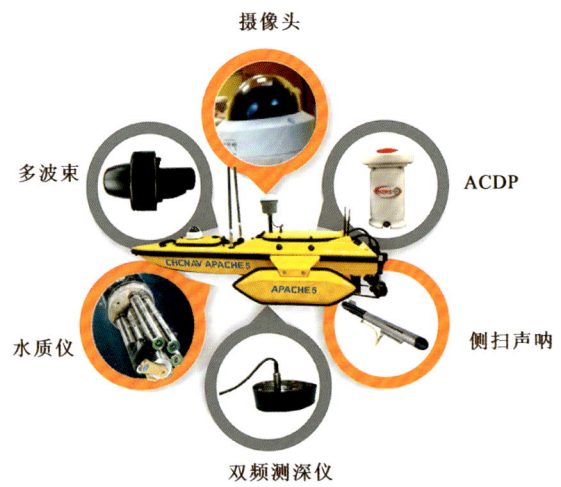

图 8-2 华徽系列船体及设备

南极冰缘作业。这次无人艇主要搭载多波束设备,在极端环境条件下完成了南极罗斯海西岸 5 平方千米海域全覆盖式海底地形测量,获取了该区域近岸海底水深地形数据,为船舶航行和海洋站建设提供了基础空间地理信息数据支撑。

2015 年 8 月 12 日,位于天津市滨海新区天津港的瑞海公司危险品仓库发生火灾爆炸事故,造成重大人员伤亡和财产损失,对周围环境造成严重污染,"SS30"无人船艇搭载水体取样器,在天津港周边海域,24 小时不间断采集水样,实现多点、定点、定量全自动采样,为环境应急处置提供了关键的技术支撑。2018 年 1 月 14 日,装载着 13.6 万 t 凝析油的巴拿马籍"桑吉"轮因撞船事故在东海沉没,"精海 3 号"无人船艇搭载定位设备和多波束测深仪等仪器,准确获取了沉船位置、沉船水深以及沉船坐底姿态等信息,为后续救援打捞工作提供了强有力的技术支持。

8.1.3 海洋地质九号科考船上的无人船

无人船作为一种新平台,相对于传统有人调查船而言,其优势在于灵活机动、安全、隐蔽性强,无需大量人员值守,相同作业内容条件下人员劳动强度低、操作风险小,能够满足复杂海域多要素测量的需求,提高作业效率,填补有人船舶难以测量区域的空白;与浮标、潜标等原位观测手段相比,无人船具有一定机动性,易于部署、回收;与无人自主潜器相比,其定位、通信等技术相对简化,续航能力也具有优势。以下针对青岛海洋地质研究所与珠海云洲智能科技有限公司合作研发及引进的深远海地磁日变站观测系统、多用途水面自主测量平台、ME120型多功能无人船为例展开介绍。

海洋磁力测量是海洋地球物理勘探的一种重要技术手段,地磁日变修正是磁测工作的一个重要环节。深远海地磁日变站观测系统能够为远离大陆或海岛区域的海洋磁测提供合适的地磁日变改正资料,记录施工期间测区范围内的地磁强度变化,并作为背景场修正走航测量数据,提高该测区的海洋磁测精度(图8-3)。

图8-3 深远海地磁日变站观测系统

多用途水面自主测量平台能够完成海底地形探测、物理海洋观测、海洋重磁测量等多项任务。平台采用高性能双体船船型,纯电驱动燃油增程,集成先进的惯性组合导航系统和Mesh自组网通信系统,可自主避障和自动巡线,平台配备有升降鳍和自动尾A架,用于安装声学换能器和拖曳设备。该系统具有两种控制方式和三种航行模式。

多用途水面自主测量平台支持多波束测深仪、单波束测深仪、重力仪、磁力仪、ADCP、浅地层剖面仪、侧扫声呐等海洋调查设备的集成,并提供电力和数据接口。深海作业模式下可同时搭载重力仪、磁力仪、ADCP三套设备开展同步测量;近岸及岛礁区可根据任务需求,搭载多波束测深仪、单波束测深仪、重力仪、磁力仪、ADCP、浅地层剖面仪、侧扫声呐等设备,可采用单一或组合模式测量(图8-4)。

ME120型多功能无人船集成小型高精度惯性组合导航系统、MimoMesh自组网通信系统及4G通信模块,采用快装模块化船体结构,纯电驱动,可搭载单波束测深仪、多波束测深仪、侧扫声呐、ADCP等测量设备,主要用于港口、河道和暗礁区等浅水区的地形地貌及水文调查(图8-5)。

图8-4　多用途水面自主测量平台

图8-5　ME120型多功能无人船

8.2 深海风筝——声学深拖系统

8.2.1 声学深拖系统的"前世今生"

声学深拖系统最早出现于 20 世纪 70 年代,随着耐压技术的发展,在 20 世纪 90 年代声学深拖设备逐步应用到深海科考调查中。常见的声学深拖系统主要是弱正浮力型,它可以漂浮在海水中,一般包括一个直接与拖缆相连的压载器(压载器的作用是把深拖的拖体压到海水面以下),通过压载器,经过一根中性浮缆再连接到安装有主要声学装备的弱正浮力拖体(中性浮力缆:它和海水的密度一样,可以悬浮在海水中)。国外典型的声学深拖系统有美国的 BenthosSIS 3000 系统与 Edgetech 2400-DSS 系统,国内典型的声学深拖系统有中国科学院声学研究所等单位研制的 DTA-6000 系统和青岛海洋地质研究所研制的 TH-3000 系统等(图 8-6~图 8-9)。

图 8-6　BenthosSIS 3000 系统

图 8-7　Edgetech 2400-DSS 系统

图 8-8　DTA-6000 系统

图 8-9　TH-3000 系统

8.2.2 声学深拖系统工作原理及"本领"

声学深拖系统主要安装了侧扫声呐、多波束测深仪、浅地层剖面仪等调查设备,这些设备相当于它的耳朵,通过释放声波信号,再利用计算机系统对接收回来的反射信号进行加工处理,就可以获得海底微地形、地貌及浅部地层结构。声学深拖系统可以探测到鹅卵石大小的物体,也可以探测海底连绵不绝的山峰和山谷,同时可以探测海底以下十几米的地层结构,通过科学家的分析能推断海底沉积层的演化历史。另外,声学深拖系统还可以搭载磁力仪、温盐深传感器、二氧化碳和甲烷等物理化学传感器,用于水体参数的长时间、实时探测,实现探测海底环境的目的。

声学深拖系统主要由深拖拖体、压载器、绞车、电缆、室内电脑系统几部分组成,它工作时候的状态像极了我们放风筝,深拖拖体相当于风筝,电缆相当于风筝线,释放电缆的绞车相当于风筝线盘,电脑主机相当于我们放风筝的人,不同的是它是在深海放飞,通过压载器的重力把拖体压到水下,可以在距离海底50m的高度对海底信息进行精确探测,因此我们给它起了一个形象的名字:深海风筝。该系统依靠光电复合缆供电和传输数据,相较于水下机器人,它可以在水下长时间连续工作,工作效率更高(图8-10)。

图8-10 声学深拖系统工作示意图

8.2.3 海洋地质九号科考船上的声学深拖系统

1. 3000m级轻型声学深拖系统

3000m级轻型声学深拖系统由青岛海洋地质研究所自主研发而成,曾入选

"中国地质调查局2019年度地质科技十大进展"。它可以在3000m以内的海域中工作,属于弱正浮力型深拖系统,主要组成部分包括深拖拖体、压载器、电缆和室内电脑主机,其中深拖拖体长3.0m,宽1.0m,高1.5m,深拖拖体配备了多波束测深仪、浅地层剖仪、侧扫声呐等多个精密声学探测设备(图8-11~图8-13)。

图8-11 深拖拖体

图8-12 压载器(大铁笼子)

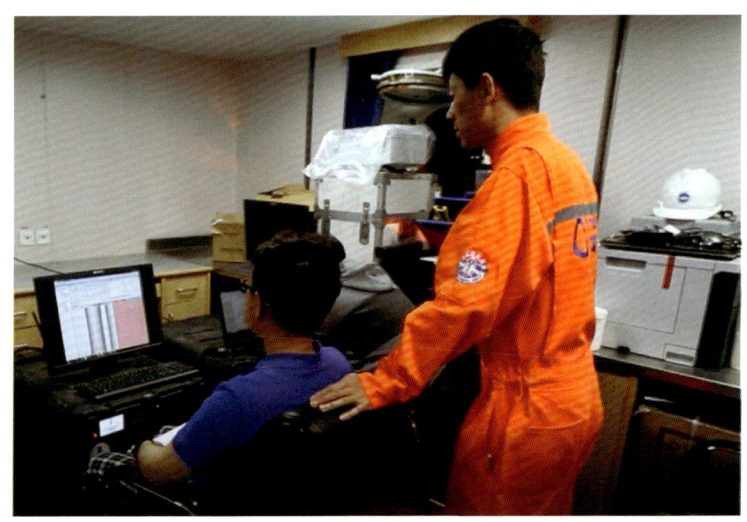

图 8-13　室内电脑主机

2. 6000m 级声学深拖系统

海洋地质九号科考船配备了法国 iXblue 公司生产的 SAMS-DT6000 声学深拖系统,它可在 6000m 水深的深海工作,也属于弱正浮力型深拖系统,主要组成部分包括深拖拖体、压载器、电缆和室内电脑主机,其中深拖拖体长 4.3m,宽 1.0m,高 1.5m,深拖拖体配备了多波束测深仪、浅地层剖面仪、侧扫声呐等多个精密声学探测设备。

与传统的深拖系统相比,SAMS-DT6000 装备有 iXblue 公司生产的合成孔径侧扫声呐和声学惯性导航系统 PHINS6000 DVL/POSIDONIA Ⅱ,极大地提高了它的扫描宽度,并且可以将海底的"素描图"实时显示在电脑显示器中,它的分辨率可以和手机的分辨率相媲美(图 8-14、图 8-15)。

图 8-14　SAMS-DT6000 声学深拖系统

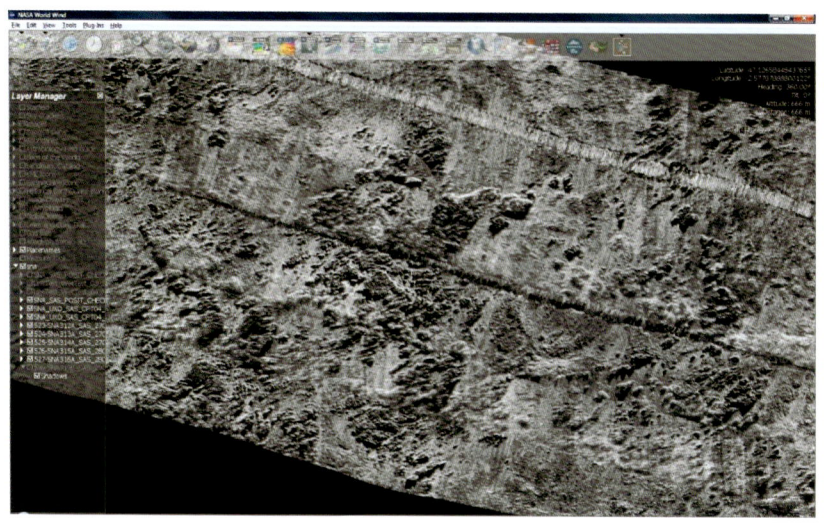

图 8-15　SAMS-DT6000 声学深拖系统绘制的海底"素描图"

8.2.4　声学深拖系统"成就"多

声学深拖系统一般应用在大洋航次调查中，科学家利用它对海底微地形地貌进行调查，研究海底富钴结壳矿产资源的分布情况，在海底发现了泥火山[①]、海底冷泉、表层水合物和海底活麻坑[②]（图8-16）。该系统可以对冷泉及其周围环境进行精确立体探测，可以为天然气水合物探测提供科学可靠的可视化数据。

青岛海洋地质研究所研发的3000m级轻型声学深拖系统就是根据我国海域天然气水合物赋存海域的特点而设计的，它主要用来对水合物富集区进行高精度的海底浅表层结构及声学微地貌探测，该系统还可搭载多种传感器，用来获取海洋物理、海洋化学等参数，极大满足了我国天然气水合物资源勘查和评价的需求。

---

　①　泥火山，顾名思义会喷泥浆的火山。与我们熟知的喷岩浆的火山不同的是，它的喷发物是黏土、角砾岩、地层水等，同时还存在部分的甲烷、二氧化碳和硫化物等气体。泥火山不仅存在于陆地上，海底也存在。我们称之为海底泥火山。

　②　麻坑，是海底表面麻点状凹坑状的气体逸出构造，它通常出现在海底浅层断裂发育区和海底天然气水合物溢出区。

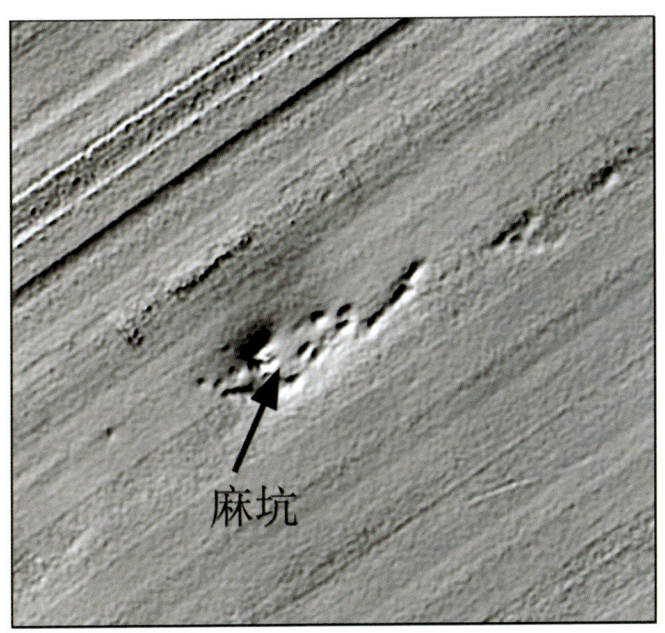

图 8-16　声学深拖系统探测到的海底麻坑

8.3　水下机器人

8.3.1　什么是水下机器人

无人缆控水下机器人(remote operated vehicle,ROV)简称水下机器人,是一种通过水面遥控,可代替或辅助人完成水下三维空间探索和工作的机器人系统。水下机器人系统主要由水下潜器(进行水下工作的机器人主体)、水面显控系统(向水下潜器下达工作指令的水面终端)、回收释放系统(给水下潜器提供能源、通信及实现水下潜器回收释放的支持系统)及水下工具(机械手及探测声呐等水下潜器的功能拓展组件)组成。

20世纪50年代,美国人把相机密封起来送到了海底,开始尝试借助机器探索水下世界,自此人类对水下世界的认知正式进入机器时代,这也是第一代水下机器人的雏形(图8-17)。

图 8-17 最初的水下机器人

20 世纪以来,随着人们对海洋的探索和认知不断加深,传统的水下机器人越来越难以满足人们建设和开发海洋的需求。为满足不同工作的需求,新型水下机器人在功能和形态上逐渐展现出差异,从兼顾多种功能需求的通用型,逐渐发展出了自主型水下机器人(autonomous underwater vehicle,AUV)及融合型水下机器人(autonomous & remotely operated vehicle,ARV)等不同类型的水下机器人(图 8-18)。

图 8-18 新型水下机器人

8.3.2 水下机器人是怎么工作的

ROV 虽然叫作水下机器人,但它与我们通常想象中的人形机器不同,其外形更像是一艘在水下航行的"车",只是将陆地上车辆的轮胎替换成了更适合水下移动的螺旋桨推进器。在理解它的工作方式时,我们可以将其想象成一台在水下飞行的无人机,我们脚下深不见底的海水就是其自由翱翔的"天空"。ROV 在工作时需要有一根电缆连接水下的潜水器和水面的遥控端,水面遥控端通过电缆向水下输送能源和通信信号。融合型水下机器人作为水下机器人家族新成员,它有着与水下机器人相似的工作方式,同样也是通过电缆与水面相连,只不过它并不通过电缆传输能源,而是自己背负电池,同时还在 ROV 的基础上开发了更加智能的无缆自主工作模式(图 8-19)。

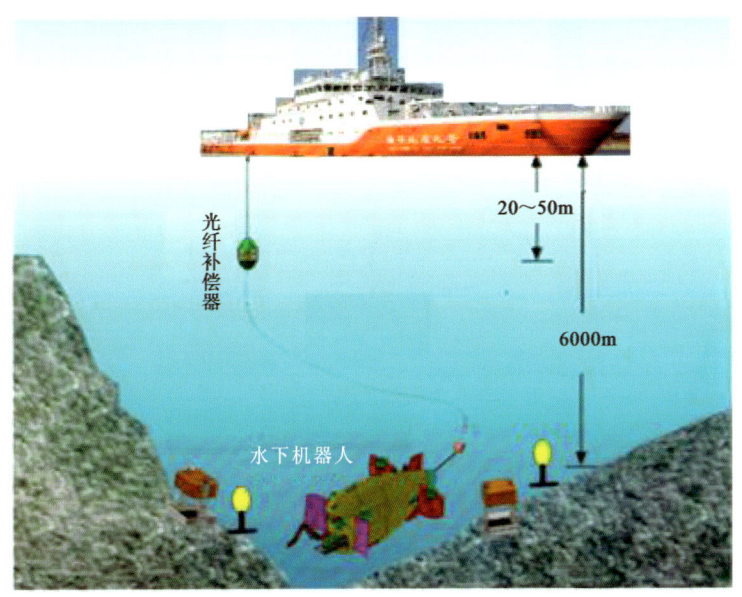

图 8-19　水下机器人工作原理

8.3.3　海洋地质九号科考船上的水下机器人

海洋地质九号科考船目前装备有一大一小两台水下机器人,一台是小型的"江豚"型水下机器人,主要用于观察的纯电驱动的浅水小型水下机器人,平时的工作内容多为观察或测量,可装备摄像机、小型测量检测工具及简易机械手等;另一台是大型的 ARV,主要用于深海工作的综合型水下机器人,在功能上相对"江豚"更加强大,平时的工作内容多是对深海区域的生物、地形、地质等方面的科学考察。

1. "江豚"型水下机器人

图 8-20 为海洋地质九号科考船配备的观察级 ROV——"江豚 IV-C","江豚

IV-C"型水下机器人作为家族里的"小老弟",比其他机器人更加小巧。它采用集成化设计,能够快速架设,对工作环境适应性较强,可满足300m以浅水域长时间连续水下工作需求。在水中工作时,它依靠装备的7个推进器来提供航行动力,可以像无人机一样悬停机动。同时提供丰富的水下扩展接口,工作时可以根据不同需求配备高清摄像头、成像声呐、机械手、水下定位系统、激光测距仪、高度计等多种传感器。它主要用于救助打捞、桥梁大坝检测、水下科研考古、水利水电、海洋牧场等领域的水下工作。

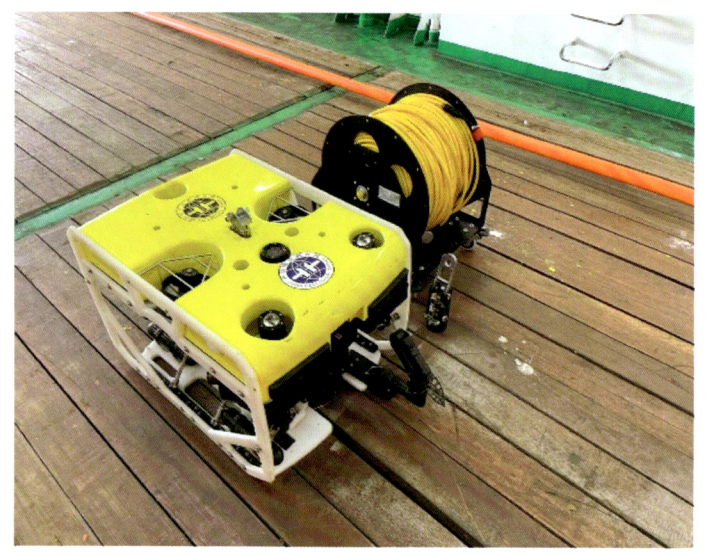

图 8-20 "江豚 IV-C"型水下机器人

"江豚 IV-C"型水下机器人在服役期间主要负责船底设备检查、航行水下障碍物搜寻及险情排除、水下科考设备运行监测等工作,为海洋地质九号科考船及科考任务保驾护航。图 8-21 为正在进行水下工作的"江豚 IV-C"型水下机器人。

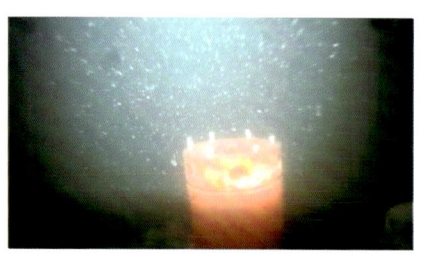 

图 8-21 "江豚 IV-C"型水下机器人水下工作

2. 6000mARV

图 8-22 为 6000m 级大型水下机器人,这台"大家伙"已在 2022 年初搭载海洋地质九号科考船完成了首航测试。

图 8-22　6000mARV

在前文讲述 ROV 的工作方式时,我们提到过水下机器人家族的新成员——ARV,它具有两种工作模式,既可采用传统的 ROV 遥控工作模式,又可以按照编制好的程序自动工作。在自动工作模式下,它像一条有着自主思想的鱼一样,按照科学家下达的任务在水中自由遨游。针对大面积的水下探测任务,ARV 可以在自动模式下进行探索和测绘工作,探测到目标后,ARV 可以迅速切换到 ROV 模式,进行近距离成像和采样。

ARV 在水中工作时最主要的工具是测深侧扫声呐和机械手。测深侧扫声呐的作用和前文中提到的船载多波束测深仪相似,用来探测海底的地形地貌,但与之不同的是它离海底更近,探测的分辨率也更高;机械手像人的手臂一样,总共有 7 个关节,科学家在水面通过遥控器就可以控制水下潜器的机械手活动采集样品(图 8-23～图 8-25)。

图 8-23　ARV 测深侧扫声呐测图

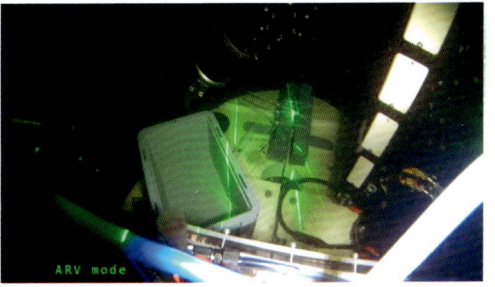

图 8-24　ARV 机械手工作图

探秘深海——"海洋地质九号"探测技术

图 8-25　科考人员正在操作 ARV

8.3.4　水下机器人大展身手

海洋地质九号科考船上有两台水下机器人,一台是"江豚 IV-C",另一台是"问海 1 号"。图 8-26(右)是"问海 1 号",图 8-26(左)是它的孪生兄弟"海斗一号"。

图 8-26　"海斗一号"(左)和"问海 1 号"(右)

"问海 1 号"作为一种新型的水下机器人,主要应用于超深水、极地等极端海洋环境下的水下探测。"问海 1 号"已经通过海洋测试,在大海上大展身手。

8.4 海底摄像

8.4.1 什么是海底摄像

广袤的海洋蕴藏着丰富的生物、矿产资源。直观的海底图像信息是海底地质调查中最基本、最有价值的基础资料之一。随着海水深度的增加,那里的光线越来越暗、水温越来越低、生物也越来越少。海水越深,压力越大,深度每增加10m,压力就要增加一个大气压,在水深1000m的地方,海水可以把木材的体积压缩到原来的一半;在7600m的深处,空气会被压得像水一样密实。要是人带着手枪潜到几千米深的海底,扣动手枪扳机,子弹根本打不出来,因为手枪外边的海水压强要比子弹筒里的火药爆炸时产生的压强还要大。如果用一般的潜水艇潜到深海,还未下到沟底,潜水艇就会被海水压瘪,就像我们不费吹灰之力踏扁一只火柴盒一样。所以,深海摄像必须要克服巨大的压力,同时还要解决传输电缆、图像清晰度等问题。

海底摄像是大洋调查重要手段之一。海底摄像系统可使海洋调查人员如"亲临海底"一样,对海底地形地貌和地质特征进行目视观察,还可配合其他海底勘查装备(如水下定位、采样设备)实现对探测对象的定点探测和采样,从而大大提高海底地质勘查的能力和效果,提高工作效率。海底摄像系统投入大洋调查,在识别调查区富钴结壳、区分结壳类型、圈定其分布范围、计算覆盖率等方面都有不可替代的作用;海底摄像使调查人员能够直接实时目视观察海底地貌,为其他采样作业手段选择合适的采样点,大大提高了采样的针对性和成功率,从而完善、优化了调查流程。立体摄像与反演技术还为定量测量海底探测对象的大小提供了新的手段。

利用海底图像资料,人们可对海底的地形地貌和地质情况进行直接研究,发现并圈定锰结核、富钴结壳分布范围,天然气水合物富存标志。同时还可以通过对海底摄像资料进行计算处理,从而对海底的起伏、断崖高度、裂缝宽度等微地形地貌进行定量评价。这些数据对海底工程地质、灾害地质以及海底矿产资源远景区开采条件评价都至关重要。海底摄像还可用于水下工程勘察、航运、渔业以及考古、旅游等领域。

8.4.2 海底摄像调查设备

深海摄像系统包括拖体和内装控制系统的圆桶状耐压舱。深海的拖体上固定有深海摄像机、照相机、照明灯、离底高度等传感器。耐压舱内的控制系统是深海摄像系统水下工作单元的核心,由电能分配模块、控制指令解码和执行模块、数据采集模块、视频数据编码模块和数据远程传输模块等组成。水下单元通过科考船上万米铠装光电复合缆与甲板总控单元连接,构成"深海摄像系统",甲板总控单元由供电子系统、指令控制子系统、视频显示子系统和数据记录子系统等组成。青岛海洋地质研究所的6000m集成化光学拖体主要用于近海底的拖曳式作业,具备多功能海底调查能力,集海底多传感器在线探测技术、海底高清摄像照相技术于一体,能够完成水下高清摄像照相工作,并实时采集、传输显示和记录来自水下电子舱、在线传感器、实验室GPS、超短基线定位等的相关数据。

图8-27为LH-GT6000G型6000m集成化光学拖体设备,是一套适用铠装光电复合缆的设备,采用甲板远程直流供电,通信采用光纤信号传输,拖体上搭载有高度计、姿态传感器、压力传感器、照明灯、高清摄像机、激光标尺和照相机系统,提供温盐深剖面仪、浊度传感器、甲烷传感器和氧化还原电位传感器等传感器接口,是高度集成的高性能拖体平台(图8-28)。

图8-27 LH-GT6000G型海底摄像系统

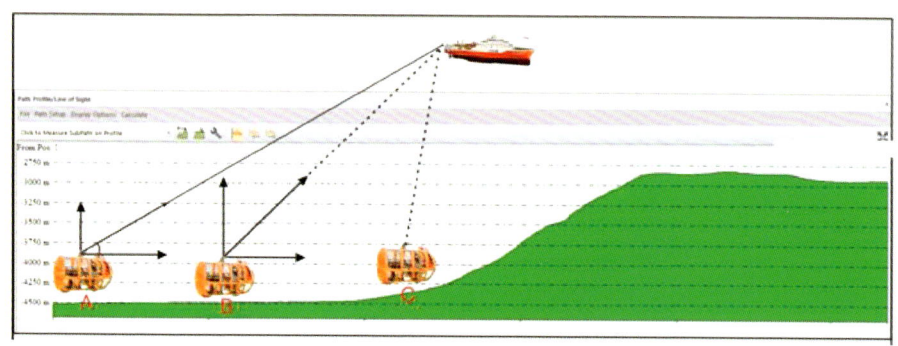

图 8-28 LH-GT6000G 型海底摄像工作示意图

8.4.3 海底摄像调查能看到什么？

海底被蔚蓝的海水覆盖，它蕴藏着丰富的矿产资源、生物资源，但它又神秘莫测，让人难以琢磨。海底地貌也像陆地一样丰富多彩，有海岭[①]、洋盆[②]、海沟[③]、海山[④]、海渊[⑤]和海底高原[⑥]等，但海底世界远远没有被人们认识和了解，因为海水给它罩上了一层厚厚的面纱。借助海底摄像，我们可以直观地查看海底表面矿产资源的富集程度，也可以调查海底生物的分布和活动(图 8-29～图 8-33)。

---

① 海岭又称海脊，有时也称"海底山脉"。狭长延绵的大洋底部高地，一般在海面以下，高出两侧海底可达 3～4km。

② 洋盆，在海洋底部有许多低平的地带，周围是相对高一些的海底山脉，这种类似陆地上盆地的构造叫作海盆或者海洋盆地。它是大洋底的主体部分。

③ 海沟是位于海洋中的两壁较陡、狭长的、水深大于 5000m(如毛里求斯海沟 5564m)的沟槽，是海底最深的地方，最大水深可达到 10 000m 以上(马里亚纳海沟 11 034m)。

④ 海山：海底山脉。

⑤ 海渊，指深度超过 6000m，轮廓清楚的深海凹地。多数位于海沟中，海沟中已测得的最深陷部分，通常以发现它的船只命名。

⑥ 海底高原是指为宽广而伸长的海底高地。通常起伏较小，台顶面比较坦，高出周围洋底 1～2km。侧面坡度一般较陡，但有的也较平缓。

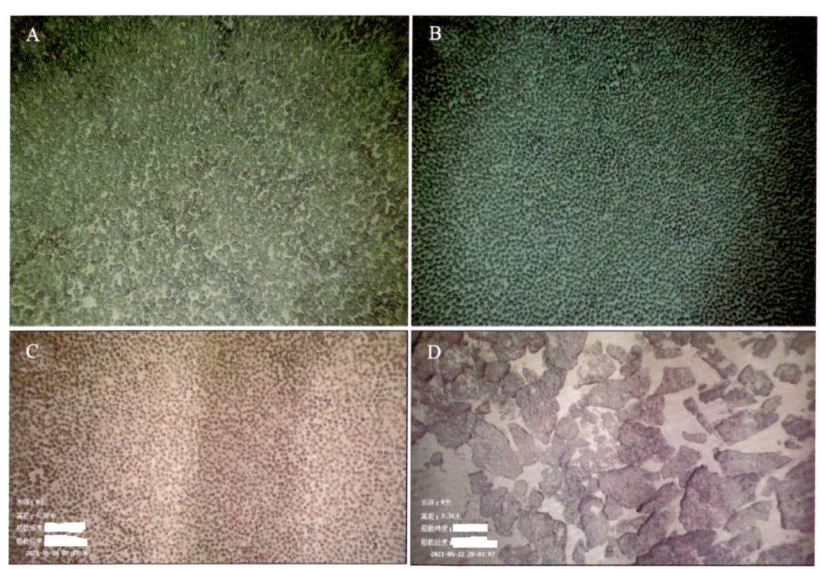

A、B、C 为结核；D 为结壳

图 8-29　调查区内发育有大量结核、结壳，具有一定的资源潜力

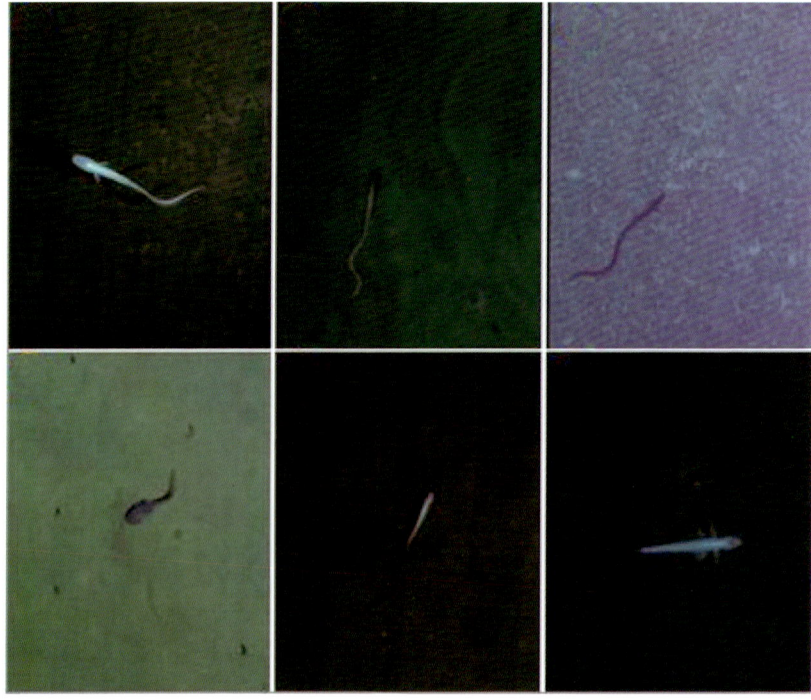

图 8-30　海底摄像拍摄到的部分鱼

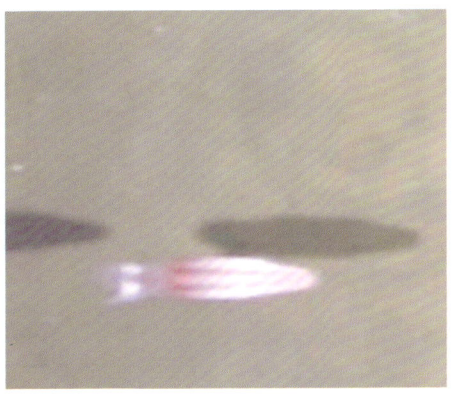

图 8-31　海底摄像拍摄到的鱿鱼

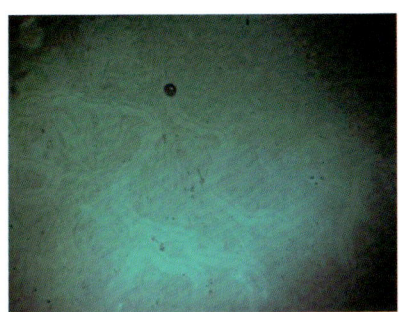
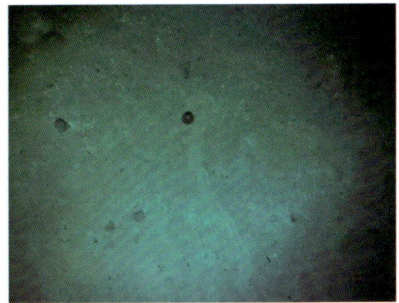

图 8-32　海胆及海胆活动痕迹

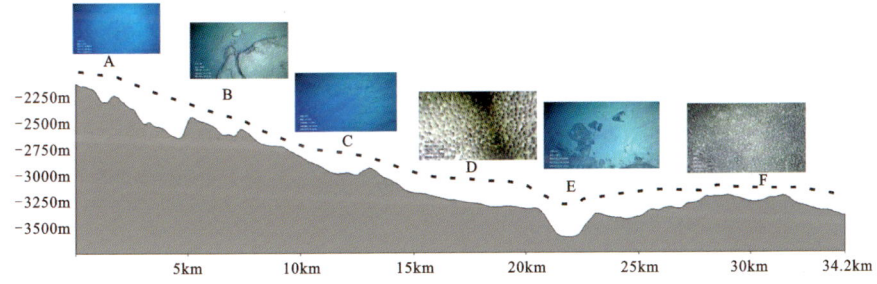

图 8-33　海底摄像测线上的资源勘查

8.4.4　海底摄像调查方法

要想让深海摄像系统在 6000m 深的海底工作，首先要解决压强问题，科研人员为此研制了一个圆柱形耐压舱,可承受上百个大气压的压强,并把控制子系统等置于舱内。为满足深海摄像作业,科研人员研制了能克服涌、浪、流作用和抗海水腐蚀的水下作业拖体,并将深海摄像机和照明灯、离底高度传感器等固定在拖体上。作业时,科研人员在船上实验室内操作甲板总控单元,向水下单元发送控制指令、监视水下作业状况,水下作业单元依照控制指令执行动作,并通过万米电缆实时传输海底影像视频数据,科研人员目视观察海底特征,记录数据,指导下一步工作。这套装置在每个调查工区作业时,大多会被第一个放下水,已经成为水下作业的先头部队,给其他海底勘查装备的探测和采样提供可目视的基础数据资料。

在枯燥的海上生活中,科考队员和船上的工作人员把观察海底世界当成了一件有趣的事,深海作业的同时还可以观察到海底美丽的珊瑚、形态各异的海底生物(如红色的虾、游动的鱼),还有神秘的海底生物爬行留下的足迹……深海摄像系统已经成为人们延伸到海底世界的一双眼睛。

8.5 着陆器

8.5.1 什么是着陆器

深海有丰富的油气资源、生物资源以及多金属结核等资源。为了获取更可靠完整的海底观测参数并减少对样品的扰动,科学家研发出了一种可以直接在海底进行原位测量和取样的设备——着陆器。

着陆器一般用于研究某些物理、化学生物因素对海底边界层的影响及其作用机理,或探索某些未知领域的海底边界层结构的动态演化,广泛应用于海洋探测、海底采样、原位实验、军事监听等领域。美国科学家 20 世纪 70 年代研制出的 MANOP Lander 着陆器是公认的世界上第一代深海着陆器系统,随着时间的推移与科技的发展,深海着陆器的技术和运用得到提高,现有着陆器已经能够覆盖地球所有海域,并广泛应用于新物种新领域探索、海底边界层状态测定、海底矿物勘测等领域,图 8-35 为几种典型的着陆器。

图 8-34　几种典型的着陆器
A. 美国海洋研究所的着陆器；B. 全海深着陆器；C."天涯"号着陆器

8.5.2　着陆器的工作原理

着陆器的工作流程如图 8-35 所示，科研人员首先将着陆器从海面直接投放进海水里，刚开始，着陆器会像一块大石头一样沉入水中并落到海底，当着陆器到达海底时，开始采集数据，并采集海底泥土、捕捉小鱼小虾，当着陆器收到回收的信号时，会把自身搭载的部分重物块抛弃，着陆器的重量减轻，便会像气球一样轻轻地"飘"起来，直到浮上海面，科研人员接着把着陆器收回到科考船上，就可以读取着陆器采集到的数据以及样品了。

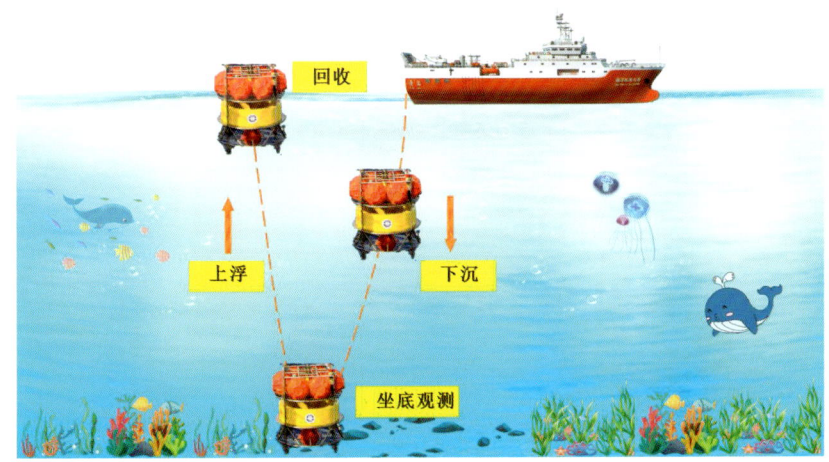

图 8-35　着陆器工作原理图

8.5.3 海洋地质九号科考船上的着陆器

目前,海洋地质九号科考船上共配备两台深海着陆器,一台是6000m海底海洋多要素边界层监测系统,可在水下连续工作1年以上,可搭载海底水文仪、地震仪、水听器、姿态仪等多种传感器,该系统攻克了双浮体深水着陆器设计、多参数环境指标采集监测、多缆脱钩释放配重等关键技术,采用高精度三维方位姿态测量方法实现了着陆器工作姿态的良好控制,具有回收成功率高、数据采集质量稳定、作业周期长等特点,可满足海洋矿产资源勘探与开发、海上工程建设安全保障、海洋地质灾害机制研究、深海环境效应评价等方面的科学研究与工程需要,设备已成功完成了多次湖试与海试,并取得了大量的海底声场、水文以及地震资料。

为克服深海着陆器无法完成监测数据实时回传的缺陷,海洋地质九号科考船上还配备了一套4000m级定时传输着陆器系统,主要包括海底观测系统装置、数据定时传输单元和声学释放系统三部分,采用公司通信,空气中的质量约为1t,水下连续工作时间大于3个月,采用熔断式浮球释放方式。该系统融合青岛海洋地质研究所自主创新的电化学腐蚀释放装置和红外通信与控制技术,基于卫星通信系统,将采集到的二氧化碳、甲烷浓度等海洋环境数据定期通过数据定时传输单元发送回母船,及时为科研人员提供水下监测数据,保证了数据的时效性。该系统在海试过程中顺利实现了红外数据传输、定时释放、卫星通信以及GPS位置跟踪等功能,顺利通过验收(图8-36)。

8.5.4 海洋地质九号科考船用着陆器做了什么?

海洋地质九号科考船已经多次使用海底海洋多要素边界层监测系统在南海和西太平洋开展过多次调查,成功获得海试地点的海底边界层声场特征与化学环境参数,同时获取了海底装备姿态变化情况。

定时传输着陆器系统已经成功完成了多次科考任务,采集到了包括二氧化碳、甲烷浓度等多种海洋环境数据,在实际应用过程中顺利实现了红外数据传输、定时释放、卫星通信以及GPS位置跟踪等功能。

海底海洋多要素边界层监测系统和定时传输着陆器系统的成功使用,标志着我国又增添了一种深海探测手段,也为科研人员探索深海提供了更加有效的工具。

图 8-36　海洋地质九号科考船上的着陆器
A.海底海洋多要素边界层监测系统；B.定时传输着陆器系统

8.6　潜标

8.6.1　潜标简介

潜标也被称为"水下浮标",是一种应用于海洋科学研究、水下工程前期调查、海洋军事、海洋开发的重要技术装备。它能够在恶劣的海洋环境条件下,无人值守、长期、连续、自动地对海底情况进行全面综合监测。潜标系统具有其他调查方法无法代替的作用,是离岸监测的重要设备。目前,美国、法国、澳大利亚、日本、俄罗斯等多个国家都在积极发展潜标系统。

8.6.2　潜标工作原理

相比于浮标,潜标的安全性更高。潜标通常由水下设备和水上设备组成。水下设备包括信标机、探测仪、系留装置、声学应答释放器等。水上设备包括布放回收装置、声指令发射接收机、无线电信标接收机、导航定位系统等。潜标系统能够长期且隐蔽地在水下自主工作、搜索水中运动目标和各种海况下的环境噪声信息,并且自主记录相应的数据。其自动化程度高,捕获信息量大,安全可靠,布放回收方便,经济实用,具有广阔的发展前景。

8.6.3 海洋地质九号科考船上的潜标

海洋地质九号科考船上的潜标式海洋磁力日变采集系统,它由凯夫拉缆绳、深海玻璃浮球、声学释放器、哨兵海底磁力日变站、重力锚块(或水泥配重)以及其他配件组成。

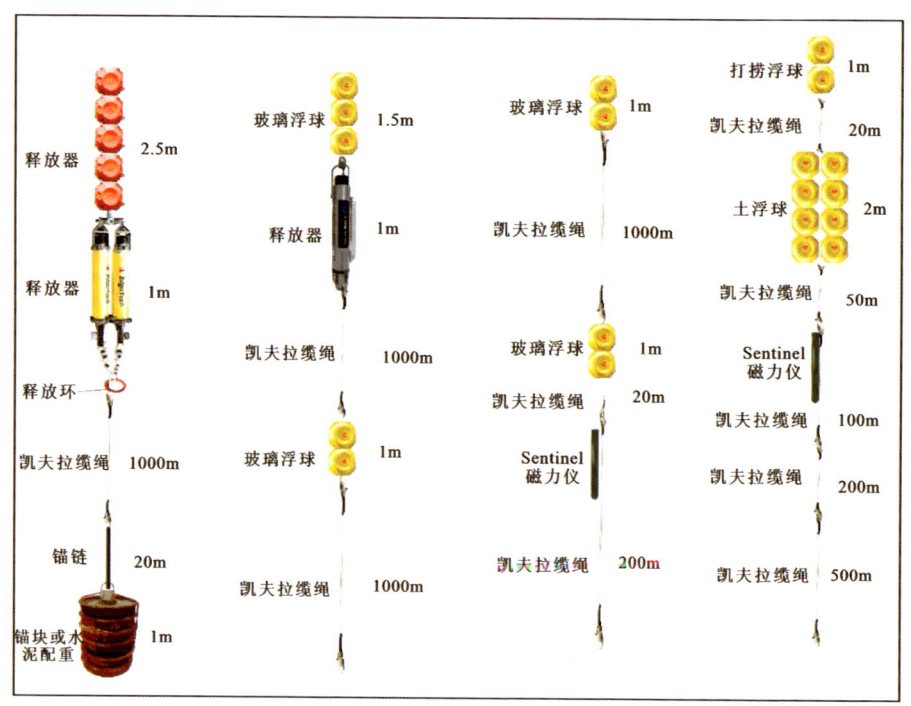

图 8-37 潜标式海洋磁力日变采集系统结构

凯夫拉缆绳具有较强的抗拉强度,1cm 的凯夫拉缆绳能轻松吊起 60t 重物不断裂,在绳子上加上保护套,增加其抗磨性,可适用于潜标连接。

深海玻璃浮球(图 8-38),广泛用于海洋观测设备的浮力模块,目前青岛海洋地质研究所配备的浮球有 Benthos 浮球和鹦鹉螺浮球,耐压水深均能达到 7000m 左右。

海洋地质九号科考船上配备了两种型号的声学释放器(图 8-39)。仪器之间主要利用声波在海水中的传播进行通信。在收到解锁指令时,声学释放器会主动发出应答信号,并释放其抓住的东西。

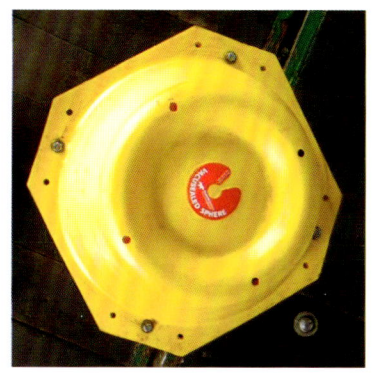 

图 8-38　深海玻璃浮球

[左图为 Benthos 17 英寸(1 英寸＝0.0254m)玻璃浮球;右图为鹦鹉螺 17 英寸玻璃浮球]

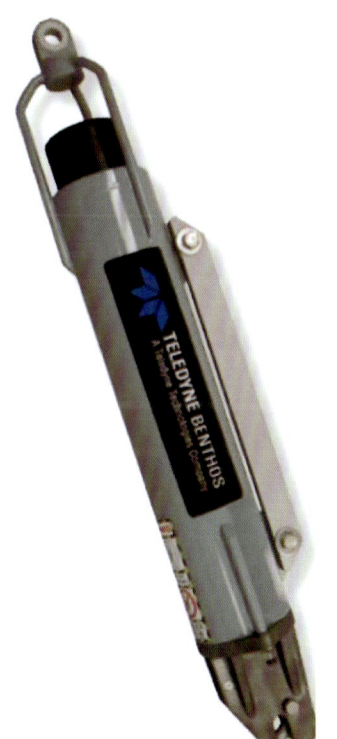 

图 8-39　声学释放器

8.6.4 潜标的调查成果

海洋地质九号科考船已在西太平洋和印度洋布放潜标十余次,获取了大量的地磁日变数据,为海洋磁力测量提供了精确的日变改正数据,保证了海洋磁力测量的精度(图 8-40)。

图 8-40　Sentinel 海洋磁力日变站

主要参考文献

冯京,尉佳,单瑞,2021. 海洋探测四兄弟[J]. 知识就是力量(6): 6-9.

金翔龙,2007. 海洋地球物理研究与海底探测声学技术的发展[J]. 地球物理学进展,22(4):1244-1249.

冯强强,温明明,牟泽霖,等,2018. 声学深拖系统在海底冷泉调查中的应用[J]. 测绘工程,27(8):49-59.

郭军,冯强强,温明明,等,2018. Teledyne Benthos TTV301 声学深拖系统在海底微地形地貌调查中的应用[J]. 测绘工程,27(10):48-51.

曹金亮,刘晓东,张方生,等,2016. DTA-6000 声学深拖系统在富钴结壳探测中的应用[J]. 海洋地质与第四纪地质,36(4):174-181.

单晨晨,温明明,刘斌,等,2020. 基于合成孔径声学深拖调查的海底浅表层流体活动研究:以 SAMS DT6000 深拖在琼东南海域调查为例[J]. 地球物理学报,63(12):4451-4463.

徐建,郑玉龙,包更生,等,2011. 基于声学深拖调查的海山微地形地貌研究:以马尔库斯—威克海岭一带的海山为例[J]. 海洋学研究,29(1):17-25.

孙光圻,2011. 中国航海历史的繁荣时期:隋唐五代(589—960 年)[J]. 世界海运,34(7):53-55.

谢建伟,2009. 浅析唐代海上丝绸之路的佛僧求法热潮[D]. 湘潭:湖南科技大学.

陈晓珊,2019. 郑和下西洋前后中国航海指南的变迁[J]. 中原文化研究,7(1):63-68.

夏劲,陈茜,2006. 中西两种科学文化背景下的郑和下西洋和地理大发现之比较[J]. 自然辩证法通讯,26(4):12,13-18.

刘南威,李竞,李启斌,2005.记载郑和下西洋使用牵星术的海图[J].地理科学,25(6):748-753.

辛元欧,2005.郑和下西洋时期的航海与造船[J].科学,57(4):21-24.

白羽,焦文海,李振海,等,2014.格洛纳斯服务性能及其初步评估研究[C].第五届中国卫星导航学术年会论文集－S6 北斗/GNSS 测试评估技术.[出版者不详]:99-106.

张君元,杨光复,1984.XD-1 型箱式取样器[J].海洋科学(1):46-49

耿雪樵,徐行,刘方兰,等,2009.我国海底取样设备的现状与发展趋势[J].地质装备,10(4):11-16.

王俊珠,刘碧荣,2013.多管采样器常见故障及原因分析[J].科技资讯,26:75-76.

张树凯,刘正江,张显库,等,2015.无人船艇的发展及展望[J].世界海运,38(9):8.

DUMKE I,KLAUCKE I,BERNDT C,et al,2014. Sidescan backscatter variations of cold seeps on the Hikurangi Margin(New Zealand):indications for different stages in seep development [J]. Geo-marine letters,34(2/3):169-184.

DONDURUR D,CIFCI G,DRAHOR M G,2011. Acoustic evidence of shallow gas accumulations and active pockmarks in the Izmir Gulf,Aegean Sea[J]. Marine and Petroleum Geology,28(8):1505-1516.